应用型学前教育专业系列教材 | 丛书主编 蔡迎旗

第二版

国家卓越幼儿园教师培养计划改革项目“中澳合作办学——国际性卓越幼儿园教师培养模式探索”研究成果

师幼互动方法与实践

主 编 刘晓红
副主编 闫振刚

WUHAN UNIVERSITY PRESS
武汉大学出版社

图书在版编目(CIP)数据

师幼互动方法与实践/刘晓红主编.—2版.—武汉:武汉大学出版社,2022.6(2024.8重印)
应用型学前教育专业系列教材/蔡迎旗主编
ISBN 978-7-307-22931-0

Ⅰ.师…　Ⅱ.刘…　Ⅲ.学前教育—教学法—高等职业教育—教材
Ⅳ.G612

中国版本图书馆CIP数据核字(2022)第032968号

责任编辑:郭　静　　责任校对:李孟潇　　版式设计:韩闻锦

出版发行:**武汉大学出版社**　(430072　武昌　珞珈山)
(电子邮箱:cbs22@whu.edu.cn 网址:www.wdp.com.cn)
印刷:武汉贝思印务设计有限公司
开本:787×1092　1/16　印张:12.25　字数:273千字　插页:1
版次:2015年6月第1版　2022年6月第2版
2024年8月第2版第3次印刷
ISBN 978-7-307-22931-0　定价:37.00元

编写委员会名单

（按姓名音序排列）

丛书主编

蔡迎旗

编委会成员

总 序

幼儿教师是幼儿学习与发展的支持者、促进者与引导者。幼儿教师的素质直接决定着我国幼教机构的办学水平，也是保障我国适龄儿童接受基本而有质量的学前教育的关键性因素。而高质量的幼教师资来源于高水平的学前教师教育。为顺应我国学前教育事业发展的迫切需求，2011 年至 2012 年，我国先后颁布了《教师教育课程标准（试行）》和《幼儿园教师专业标准（试行）》，幼儿园教师资格制度和聘任制度也随之进行了系列急剧变革与转型。

我国教师职前教育倡导育人为本，要求准教师们树立正确的儿童观、学生观、教师观与教育观；奉行实践取向，引导未来教师主动建构教育知识，掌握必备的专业知识与技能，发展实践能力，学会发现和解决实际问题，形成个人的教学风格和实践智慧；要求他们终身学习，树立正确的专业理想，养成独立思考和自主学习的习惯，加深专业理解，形成终身学习和应对挑战的能力。

我国学前教师教育课程改革既具有一般教师教育所具有的共性，也具有鲜明的学前教育特色，这彰显了学前儿童的年龄特征和我国独树一帜的学前教师教育的传统与积淀。当前，我国学前教师教育课程已呈现如下五种趋势。

第一，生动多样的师德与理念教育。除必要的公共政治课程以外，国家要求各级各类幼师院校突出师德修养教育，采取多种生动活泼的教育教学方式，提升准幼儿教师的师德修养。如开设幼儿园教师专业特点与道德规范、中国名师风采录、幼儿教师生涯讲座、学前教育政策法规、现代幼儿园教师职业风范与专长成长等课程。

第二，保教相融的课程体系。依据幼儿园教师专业标准，遵循教师培养和发展规律，以加强专业理想、专业基础、实践能力、反思与研究能力为核心，构建保育与教育相融合、幼儿园与家庭和社区教育相结合、幼儿生活与游戏和学习于一体的课程体系，用以培养准幼儿教师的保教一体化的能力。

第三，全面平衡的课程结构。我国正通过幼儿园教师资格制度、聘任制度、评优评先制度等的改革，倒逼各级各类幼师院校与专业，促使其纠正以往过分偏重艺术技能而相对忽视人文科学类课程、教育素养类课程的倾向，注意课程结构中的师德理念、人文素养、科学素养、信息素养、教育素养、艺体素养、科研素养等的协调与平衡。

第四，实践取向的课程内容。为培养准幼儿教师的教育教学能力，许多幼师院校与专业开设了大量务实的实践取向课程。如幼儿园五大领域的活动设计和案例分析类课程、幼儿园环境布置与玩教具制作、动漫画设计技术、音乐、美术、戏剧等方面的课程。

第五，模块式的课程设计。我国各类幼师院校与专业正竭力打破学前教育学、学前心理学、幼儿园各科教学法“老三门”的课程结构体系，开设模块化的、开放的、专题性的学前教育课程。基于学前教育专业各类人才培养目标，合理配置各课程模块，如音乐教育模块、美术教育模块、健康教育模块、特殊教育模块等。通过设先行课，将学生导入不同模块课程，引导学生多样化、有个性地发展。

以上学前教师教育课程改革已对我国原有的传统意义上的大中专学校的教材和教辅资料提出了严峻挑战，要求学前教育同仁务必更新教学资源观、教师教育观和学前教师观，依据我国幼儿园教师专业标准和教师教育课程标准，遴选课程并合理设计教材。

本套基于《教师教育课程标准（试行）》的应用型学前教育专业系列教材，正是应我国学前教师教育改革的时势而生，充分体现了以上提及的学前教师教育课程改革的五种发展趋势。适用于大中专学校的课程与教学，也可作为学前教育爱好者、相关工作人员的专业拓展学习。本丛书涵盖了学前教育大中专学校绝大多数专业课程；内容具有一定的理论性，更具有实践应用的特征；编写规范与设计务实活泼，知识点和案例穿插其中；丛书的编委遍及全国；作者主要来自华中和华南地区的本、专科院校，他们均具有丰富的教学经验和较好的研究基础。

在丛书的编写过程中，我们参阅、借鉴和引用了国内外许多同行的观点与成果。各位同仁的研究奠定了本丛书的学术基础，在此一并感谢。另外，受水平和时间所限，书中难免有疏漏和不当之处，敬请读者批评指正。

最后，我谨代表丛书的所有编委和作者，衷心感谢本丛书的策划者谢群英编辑和武汉大学出版社有关领导。他们对学前教育满腔热情，对丛书的未来充满信心，极度地敬业与审慎。出版丛书虽是一项浩大而艰苦的工作，但有谢群英编辑和武汉大学出版社相伴而行，相信梦想终会成真。

蔡迎旗

2015 年 5 月

武汉桂子山 · 华中师范大学教育学院

第二版前言

教育的过程也是一个人际互动的过程。在幼儿园中，师幼互动是教育发生的最佳时期。良好的师幼互动体现了教师的专业素养，是提高教育质量的重要途径。正确的教育观念是前提，合适的沟通方式是关键。因此，本书以“师幼互动的理念—师幼互动的策略—师幼互动的实践应用”为线索呈现师幼互动的相关问题，力图为读者提供些许帮助。

师幼互动策略包括如何说、如何听、如何看、如何行，一句简单的问候、一种倾听的态度、一个不经意的眼神、一个不经心的动作，传递出来的都是不一样的感受和信息，直接影响互动双方的心情，决定了互动的质量。因此，“如何说”孩子才肯听？“如何听”孩子才肯说？“如何看”孩子才心神领会？“如何做”孩子才心有触动？这些都源于教师的沟通技巧和教育智慧。互动既可以是有声有色、慷慨陈词，也可以是此时无声胜有声。不同时间、不同空间、不同对象、不同的事件需要不同的互动方式。因此，师幼互动看上去是不经意的动作，实际上是一种专业能力。有人说“人的一生有三件幸运的事情，出生时遇到一对好父母，上学时遇到一位好老师，工作时遇到一位好领导”，而这一“好”的标准很大程度上取决于良好的人际互动或沟通能力，更直白地说，取决于是否会“好好说话”，而“说话”这种沟通能力是《幼儿教师专业标准》中对教师的要求。因此，师幼互动的相关理论与实践应该成为幼儿教师职前教育阶段必修内容之一，正是基于以上的认识，我们于 2016 年编写了《师幼互动方法与实践》，努力想把对这一问题的思考呈献给读者，共同来思考和践行良好的师幼互动。我们期待通过学习，您能掌握有效沟通的基本技能，一句话、一个动作、一个眼神都能成为一种优质的教育资源，教师的一笑一颦、一言一行，都具有一两拨千金的教育效果。让孩子因为遇到您而幸福一生。

该教材具有以下特点：1. 针对性强。全书在回应什么是师幼互动以及师幼互动的观念基础上，聚焦师幼互动中的听、说、问、肢体动作四方面重点进行阐述，针对性强。2. 实用性强。该书在每一章后面都以示意图的形式总结整章内容，使读者一目了然。同时每章还推荐了可读性强的阅读材料，丰富师生对师幼互动的理解。经过几年的使用，我们搜集了大量读者对教材的反馈意见，在第一版的基础上对本教材进行了修订。修订后的教材体现了该书的第三个特点。3. 操作性强。修订的重点为第三章“听的艺术”和第四章“说的艺术”，增加了相对具体和可操作性内容，比如，第四章说话艺术增加了“镜像对话”“鼓励与表扬”“有效回应”，这些策略是教师在与幼儿交往中经常用到的策略。同时，删除了一些不必要的案例，使教材更为简洁实用。

任何一项工作都是团队合作的结果，感谢第一版作者的大力支持，同时，一些新的成员也加入了书稿的修订，搜集资料、撰写文稿，他们是郑州科技学院崔丹丹老师（第一章）、尧莹莹老师（第四章），河南师范大学研究生周颖（第三章），新乡育才幼儿园王冬梅（第五章），郑州升达学校的王倩老师（第二章）、闫振刚老师（第六章）。在此一并表示感谢。我们很难做到尽善尽美，但是随时做好不断修改完善的准备。

在本书的编写过程中，武汉大学出版社的编辑为此书付出了辛苦的劳动，她们的鼓励和敦促，才得以使教材得以修订。教材的编写也借鉴了前人和他人的研究成果，如案例、图片等资料，有的标明了出处，有的可能会因为难以查找出处而未标明，在此一并表示深深的感谢和歉意。如果发现不当之处，请随时与我们联系（281878843@qq. com）。我们虽已尽力，书稿一定还有不当之处，在此恳请各位读者不吝赐教。年轻的团队、稚嫩的成果，我们将努力前行，走向成熟。

编　者

2021 年年末

目　录

第一章 师幼互动概述

如果一个孩子生活在批评之中，他就学会了谴责；如果一个孩子生活在敌意之中，他就学会了争斗；如果一个孩子生活在友爱之中，他就学会了这世界是生活的好地方。

——多蒙茜·洛·诺尔特

学习目标

1. 本章导读：学前教育专业工作者面对的是0—6岁的幼儿，幼儿教育阶段主要关注3—6岁的孩子，他们有别于成人的特殊年龄特点和认知水平决定了与幼儿沟通交流有其特殊性。老师如何与孩子进行亲密、友好、科学、有效的沟通？如何“接过孩子抛来的球”？师幼互动对幼儿发展又有哪些重要性？这些都是我们必须思考的问题。

   艾利克·艾里克森（Erik Erick-Son）在1950年出版的第一部著作《童年与社会》中强调：儿童从进入人生中第一个专门机构——幼儿园，就开始与教师发生直接的行为往来。如果作为经验者、养护者的教师能够意识到自己的行为对幼儿发展的作用，明智地把握自己对幼儿的态度和行为，就会对幼儿人格特征的形成产生决定作用。从这个句话可以看出，良好的师幼互动对于幼儿成长的重要性。那么师幼互动与日常的人际交往有什么区别，师幼互动有哪些常见的类型及特征，哪些因素能够对其造成影响，如今的师幼互动背后的理论基础是什么……对于这些问题的探究，能够初步了解师幼互动的基本理念和基础知识，同时也为后续内容的学习奠定基础。
2. 教学重难点：重点：了解师幼互动的含义，师幼互动的类型和特征，师幼互动的基本原则以及影响因素。难点：理解师幼互动的理论。
3. 教学课时：4课时

第一节　师幼互动的含义

简言之，师幼互动就是指教师与幼儿间的互动。广义上的师幼互动既有发生在托儿所教师与3岁前幼儿间的互动，也有发生在幼儿园教师与3—6岁幼儿间的互动；“狭义的师幼互动专指发生在幼儿园的师幼互动，是指发生在幼儿园内部、贯穿于幼儿一日生活活动中的幼儿教师与幼儿之间的相互作用、相互影响的行为及过程。”①

师幼互动是教师和幼儿之间发生的交互作用和相互影响，不仅仅在儿童人际互动系统中具有独特地位，影响儿童各方面发展，而且对教师的发展和教育质量的提高也具有重要意义。

幼儿与教师之间的互动是贯穿于幼儿园一日生活中最核心的人际互动，幼儿在与教师的互动中发展自我，建构自己的行为；同时，教师在与幼儿的互动中，履行着教育者的职责，实现着幼儿园的教育功能。

一、互动的含义

从词源上看，“互”是交替、相互，“动”是起作用或变化，使感情起变化。互动是两个主体间的交互行为。就此而言，互动与交往、沟通、合作有相通之处。“交”有相互接触之义，“往”是“去”，交往（communication）则相当于互动，是两个主体之间不同形式的互动和往来。

互动有广义和狭义之分。广义上的互动是指一切存在物的相互影响与相互作用。狭义的互动是指在一定社会背景与具体情境下，人与人之间发生的各种形式、各种性质、各种程度的相互作用和影响。因此，互动又称相互作用，指人与人之间的心理交互作用或行为的相互影响，是一个人的行为引起另一个人的行为或改变其价值观的任何过程。②

互动作为一种最基本、最普遍的日常生活现象，有许多种类。通过各种形式而发生的相互作用都是互动，它可以是言语型或非言语型，可以是正式的、有组织的或非正式的、无组织的互动，可以是发生在初级群体中的偏向事务型的互动，还可以是直接的、面对面的互动或是借助于各种中介手段的间接互动。

综合以上观点，研究者认为：互动是指在一定的活动背景下，互动主体之间发生的各种不同形式、不同内容和不同程度的动静结合的相互作用和相互影响的动态过程。

---

① 刘晶波．师幼互动的总体特征及其功能［J］．幼儿教育，1998（11）：10.

② 章人英．社会学词典［M］．上海：上海辞书出版社，1992：15.

二、师幼关系和师幼互动

1. 师幼关系

一般而言，“人际关系是指人与人之间通过交往、互动而形成的直接的心理关系”，它是人际互动的结果。师幼关系是教师与幼儿在共同的教育、教学活动之中，通过相互的认知、情感和交往而形成的一种人际关系。在这种关系中，既体现出师幼各自的地位和作用，又体现出二者之间互动联系的方式与性质。因而，“师幼关系是幼儿园中最重要的一种关系，是幼儿园内部的主要动因之一”。①

教师与幼儿的关系是一种人际交往关系。通常情况下把人际关系的性质分为两种情况，一是“我与你”的关系，这是以彼此接纳、相互吸引、平等互信、相互理解、彼此尊重、相互合作、彼此激发为特征的人际关系，也是真正的人对“人”的关系。二是“我与它”的关系，这是以一方来控制、掌握、利用、支配另一方的言论、行动、思想、认识等为特征的。

教师与幼儿之间在教育过程中形成的师幼关系，在某种程度上代表着幼儿教育的方式，反映着教师以何种身份面对幼儿，体现着幼儿的主体性是否受到了尊重，所以师幼关系是一种典型的“我与你”的关系，教师要充分尊重幼儿，教师和幼儿互为主体。

教师与幼儿之间的人际交往关系，是一种平等的交往关系，是在人格平等的基础上各自发挥自己的作用。

教师与幼儿的关系是建立在共同生活的基础上的，是在共同的交往中形成的。他们是教育活动中的关系。

2. 师幼关系和师幼互动的区别与联系

因其参与主体和社会角色特征的差异，个体在儿童期所经历的人际互动具体而言就是亲子互动、同伴互动、师幼互动，以及由家长参与亲子教育活动而引发的亲师互动等；其对应的人际关系就是亲子关系、同伴关系、师幼关系和亲师关系。

互动与关系有着各自不同的特征，并在个体的发展过程中发挥不同的功能，互动的结果促成了关系的建立，而各种关系的程度又促使各种类型互动的产生，因此，总体而言，人际互动与人际关系之间是一种共生的关系。

根据人际关系和人际互动间的共生关系，师幼互动是师幼关系的动态化展示，师幼关系是师幼互动的静态表征。师幼关系更宏观一些，师幼关系一经形成，势必对师幼互动的强度、互动行为的内容、方式、性质产生影响；而师幼互动侧重师幼之间的动态过程，更为微观些。

---

① ［伊朗］S·拉塞克、［罗马尼亚］G·维迪努：从现在到2000年教育内容的全球展望［M］. 马胜利，译. 北京：教育科学出版社，1992：106.

三、师生互动和师幼互动

1. 师生互动

师生互动是指学校教育中教师和学生之间的关系，它是一种产生于教育教学过程中的特殊的人与人之间的关系。这是一种由伦理关系、社会关系、心理关系、教学关系、法律关系等构成的多维立体、动态的人际关系。师生关系归根结底，是人与人之间的关系，这就决定了它具有一般人与人之间关系的特点。

作为一种人际间的相互作用和影响，互动必须在两个或两个以上的个体之间发生，一个个体谈不上相互作用。但仅仅有两个以上的个体客观存在，个体之间只是简单的施加与接受、刺激与反应或被动的单方面作用，不能认为彼此之间存在互动。只有当这些共存的个体之间行为发生相互联系和彼此能动反应时，才谈得上互动的存在和发生。作为一种特殊的人际互动，师生互动是指在师生之间发生的各种形式、性质和各种程度的相互作用和影响。

在日常生活中，儿童还广泛地与家长、同伴及社会上的他人发生互动，教师除与儿童互动外，也与儿童家长、同事及他人发生交往。师生互动特指师生发生在双方间的一切交互作用和影响，它是师、生各自人际互动关系。

2. 师生互动和师幼互动的区别与联系

师生互动与师幼互动的主要区别在于教育对象不同，即“学生”和“幼儿”。

幼儿是一个年龄阶段概念，特指人的一生中3—6岁这一阶段。学生则是一种社会角色，是一种身份，是社会性活动的概念。学生区别于其他社会角色的地方在于，学生的主要任务是学习活动，而非工作。

“幼儿”和“学生”不是同为概念也不是同属概念，所以二者不能相互替代使用。

把幼儿看成学生会产生两个问题：一是幼儿的主要任务或主要活动是学习，所有其他活动要为学习让路；二是使教师与幼儿之间的人际关系蜕变为社会关系。

书中提到的师幼互动更多强调的是发生在幼儿园中，贯穿于幼儿一日生活活动中，幼儿教师与幼儿之间的相互作用、相互影响的行为及过程。

知识链接

教师如何做好幼儿社会沟通的中介者

幼儿进入学前教育机构，就是进入了第一个除家庭之外的社会环境。在这个环境中，幼儿教师应该做到以下几点：

第一，要理解孩子的内心世界，尊重孩子。孩子虽小但他们也有自尊心，只有尊重他们，才能让孩子接受教师所讲的话。教师任何时候都不应该伤害孩子的自尊心，要讲道理，让孩子感受到老师是喜欢他的。

第二，运用谈话技巧，使用儿童化语言。不可责骂犯错误的孩子，要用简单的词语让他们认识到自己行为的错误性，严禁打骂。

第三，要与孩子建立平等关系，不要居高临下。跟孩子平等谈话，站在同样的高度，用孩子的眼光看待问题。

第四，注重孩子的兴趣。要有极大的热情和耐心，注意倾听并予以鼓励。

第五，用语通俗易懂。应符合儿童的年龄特点和认知水平，说话态度要温和。

第六，重视运用非语言沟通策略。如用微笑、点头、抚摸、搂抱、蹲下来与儿童交谈。

第二节　师幼互动类型及特征

一、师幼互动类型

师幼关系中存在着许多种模式或类型，不同的幼儿与教师之间结成的师幼互动类型也不同。目前较为常见的师幼互动类型包括以下几种：

1. 依据行为主体划分

这一分类由南京师范大学刘晶波老师提出，认为师幼互动可以分为教师开启和幼儿开启。教师开启即互动由教师率先发起，幼儿紧随其后；幼儿开启则指互动由幼儿先发起，教师紧随其后。

2. 依据行为对象划分

根据这一标准，互动可以分为师班互动、师组互动和师个互动。师班互动指教师和全班幼儿的互动，将幼儿班级作为一个整体；师组互动指教师和幼儿小组成员的互动，将小组作为一个整体；师个互动指教师和幼儿个体进行的互动。

3. 依据互动内容划分

根据这一标准，互动可以分为事务型互动和情感型互动。事务型互动指师幼交往的内容基于一些具体的事务进行；情感型互动指师幼互动基于双方的情感，不涉及具体事务。

4. 依据互动表达出来的立场划分

根据这一标准，互动可以分为肯定性互动、否定性互动和中性互动。肯定型互动指师幼双方在互动中传递出来的信息是一种肯定的、积极的意愿；否定型互动传递出来的则是否定的、消极的意愿；中性的互动传递出来的意愿无涉立场。

5. 依据师幼交往的目的、方式等因素划分

姜勇、庞丽娟将幼儿园师幼交往分为严厉型、民主型、开放学习型、灌输型四种类型，而开放学习型是我国幼儿园师幼交往的一种特有类型。

6. 依据其他分类标准的多角度划分

吴丽芳依据五个指标对师幼互动的模式进行了多角度的分类：

（1）依据师幼互动的对象，分为教师与幼儿的直接互动及教师通过环境中介与幼儿的间接互动；

（2）依据师幼互动的开启者，可以分为教师开启和幼儿开启；

（3）依据师幼互动的表征形式可以分为言语式的师幼互动和非言语式的师幼互动；

（4）依据师幼互动的情感特征，可以分为正向、中性、负向的师幼互动；

（5）依据师幼互动的范围，可以分为班级内的师幼互动和班级间的师幼互动。

王育维（2005）认为新型的师幼互动模式应当有以下几种：商量与尊重，平等对话；支持与鼓励，耐心倾听；情感交融，互相沟通；点拨与等待，细心揣摩，只有把幼儿真正当成朋友，用孩子的眼光审视孩子、观察孩子、了解孩子，才能真正走进孩子的世界里，形成良好的师幼关系。

二、师幼互动的特征

从目前优质师幼关系的人际、交往、互为主体三个维度出发，理想中的师幼互动的特征主要包括以下几个方面：

1. 互动性

一般情况下，人们用互动或相互作用和“交往”表示教师与幼儿之间的“相互性”和“双向性”，以“互动”的理念来揭示教师与儿童之间的双向关系，说明行为、行动的相互性或双向性前提是承认教师与幼儿之间的人际关系。

师幼关系的互动性应该体现相互性和双向性，但实践中的情况并不完全如此。教师与幼儿之间的双向互动变成了单方面的倾斜，大致有几种表现：

（1）教师——幼儿的“代言人”，幼儿——教师的“应声虫”

（2）教师——“抛球者”（言说者），幼儿——“接球者”（倾听者）

（3）教师——规则的维护者，幼儿——规则的执行者

（4）幼儿——教师的“玩具”，教师——“玩具”的操纵者

教师与幼儿之间的真正互动应该是一种双向交流活动，在互动中进行沟通、理解、交流，使彼此的经验、知识、思想、价值、意义、情感、态度等都显现出来，并对对方产生一定的影响。

2. 平等性

师幼互动涉及教师和幼儿双方，那么就必然提到教师和幼儿地位之间的平等、师幼互动中的民主。杜威主张教育应该鼓励合作精神，认为平等民主不仅仅是共同交流的方

式，每个人都应该尊重其他的主体性和生命尊严。

在幼儿园的教学活动和生活活动中，由于幼儿年龄偏小，教师在承担教学任务的同时需要担负幼儿绝大部分的日常生活保育，无形中对于幼儿的认识会出现偏差。在日常生活中，民主平等的师幼关系常受到挑战。民主的师生关系要求教师要有一种倾听的态度，应尊重儿童的各种不同的学习方式、理解水平，对儿童回答的问题进行理解性分析，以激发儿童不断思考的兴趣。

3. 互主体性

教师与儿童的互主体性（主体间性）是在活动中得以实现的，进一步讲，互主体性只有在相互交往的活动中才能体现出来。

师幼互动体现互主体性，要求教师不仅要以适宜的方式向幼儿提出问题、指导、建议，还应有充分的准备去迎接幼儿提出的问题、建议等。

互主体性体现为从对方那里得到体认，彼此映照，从对方那里“看到”自己。教师的主体性与幼儿的主体性之间能够通过一定的交往行为得到相互体认。

4. 差异性

教师在与幼儿的沟通交流过程中应注重幼儿的个别差异性，每个孩子都是一个独立、完整的个体，他们之间在各个方面存在着差异。这些差异体现在以下几个方面：首先，每个幼儿的先天遗传素质具有差异性；其次，每个幼儿在生活环境方面有其差异性；再次，家庭的教养方式也具有差异性。以上三个方面的基本差异，可导致幼儿在性格、气质、优势智力、生活习惯等多方面的差异。因此，作为教师应当认识幼儿的个体差异，尊重幼儿的个体差异，这样才能做到因材施教，保证每一个幼儿充分发展。

案例导入

小豆豆和妈妈一走进校长室，一位男人立即从椅子上站了起来。

这个人头发稀疏，门牙已经脱落，脸色很好，身材虽不太高，肩膀和胳膊却很结实，整整齐齐地穿着一身已经陈旧的黑色西装。

小豆豆连忙向他鞠了一躬，兴冲冲地问道：

“您是校长先生，还是电车站的人呀？”

妈妈慌忙想解释，但那人却抢先笑着答道：

“我是校长先生啊！”

小豆豆非常高兴地说：

“太好了！那就求求您吧，我想上这个学校！”

校长让小豆豆坐到椅子上，然后转过身对妈妈说：

“好，现在我来和小豆豆谈谈，您可以请回了。”

小豆豆在一刹那间感到有点紧张，但马上又想到，和这位校长先生谈话一定很好玩。妈妈很干脆地说：

“那么就拜托您了。”

然后关上门走出去了。

校长把椅子拖到小豆豆跟前，和小豆豆面对面坐下来说：

“好，随便给老师说点什么吧！把你心里想说的话，全都讲出来。”

“心里想说的话？”

小豆豆本来想，大概是问到啥就回答啥吧？可听到校长说“讲什么都可以”，便立刻兴致勃勃地讲了起来。虽然讲得有点颠三倒四，但小豆豆还是一个劲地讲着。她讲的内容有：

来时乘坐的电车开得很快。

曾向电车检票员叔叔要一张车票，但是没给自己。

原来上学的那个学校的女班主任老师长得很漂亮。

那个学校有一个燕子巢。

家里有一只褐色的名叫洛克的狗，会做出“伸爪”和“对不起”的姿势，吃完饭以后还会做出“吃饱了”的样子。

在幼儿园的时候，爱把剪刀放在嘴里，咔嚓咔嚓地剪着玩，这时老师总是生气地说：“要剪掉舌头的！”可自己还照样玩了好多次。

鼻涕流出来的时候，总爱嗞拉嗞拉地抽鼻涕，因为怕挨妈妈骂，才赶快把鼻涕擤掉。

爸爸在海里游泳游得真棒，还会跳水。

小豆豆滔滔不绝地讲了这么许多。校长一会儿笑，一会儿点头，一会儿又说：“还有呢？”因此小豆豆更高兴了，便一个劲地讲了下去。不过到后来终于没话好讲了。当小豆豆闭住嘴巴正在心里搜寻话题时，校长开口了：

“讲完了吗？”

小豆豆觉得就这样收场未免太遗憾了。

这可是个难得的好机会，我要把所有的话都讲给校长听才行。

“还有什么好讲的呢？”

小豆豆在脑海里紧张地思索着。想着想着，小豆豆差点叫出声来，“啊，有啦！”

又找到话题了。

这是一个有关连衣裙的话题：

……

把这些话说完以后，小豆豆实在想不出什么可讲的了。小豆豆心里觉得有些难过。这时校长站了起来，用温暖的大手抚摸着小豆豆的头说：

“好，就这样吧！你就是这个学校的学生啦！”

小豆豆不由得感到自己有生以来第一次碰上了真正可亲的人。因为小豆豆长这么大还从来没有人用这么长的时间来听自己讲话。而且在这么长时间里校长连一个呵欠也没打，丝毫也没有厌倦的表示，就像同小豆豆谈天一样探着身子非常认真地听她把话讲完。

小豆豆这时尽管还不会看表，但她似乎也感到讲了不少时间。如果看看表的话，她一定会感到吃惊的，而且也肯定会感激校长。这是因为，小豆豆和妈妈是八点整到达学校的，等到在校长室里让小豆豆把话全部讲完并决定收她入学时，校长看了看怀表说：“啊，到吃饭的时间啦！”这就是说，校长听小豆豆讲了四个小时。

无论过去还是后来，再也没有哪个大人这么认真地听小豆豆讲话了。

不管怎么说，一个刚刚上学的小学一年级的学生竟独个儿叨叨不停地讲了四个小时的话，这件事若是给妈妈和以前学校的老师听到了，准会大吃一惊。

——［日本］黑柳彻子著，赵玉娇译：《窗边的小豆豆》，南海出版社，2008 年版

案例分析

第一次见面的小林宗作校长跟豆豆这个普通的孩子整整聊了四个小时，或者说是他听豆豆语无伦次地说了四个小时，面对其他人眼中退学的“异类”，这个特殊的小姑娘，小林宗作校长没有表露出丝毫的歧视，他是真地爱每一个孩子的。见到小豆豆时“立即从椅子上站了起来”，表现出对小豆豆和妈妈的尊重；妈妈走了以后，“校长把椅子拖到小豆豆跟前，和小豆豆面对面坐下”，表现出已经做好了和小豆豆互动的准备；“讲完了吗?”“还有什么好讲的吗?”用启发式提问引导小豆豆继续进行思考和表达。当豆豆因为找不到话题而难过的时候他站起身来，用温暖的大手抚摸孩子的头，让她感到了校长暖暖的爱意。

四个小时的聊天中，校长先生在积极地回应着豆豆的聊天，哪怕这些内容在他这个成人看来有一些可笑，有一些幼稚，他把豆豆当成和他一样平等的人来看待，对她的每一句话都认真去倾听。体现了校长对小豆豆的互动性、尊重性、主体性的互动特征。

专家建议

教师在幼儿园师幼互动过程中，可以采用语言和非语言的方式与幼儿进行有力的师幼互动。语言可以包括启发式提问、开放式提问、客观描述、面对面坐下、认真聆听等行为动作，向幼儿传递尊重和信任，以及“我”愿意和你交流的信息。

三、良好师幼互动的作用

（一）教师与幼儿互动的目标更明确

良好的师幼互动会使教师进行缜密的思考，时刻提醒自己保持清醒的头脑，调控自己的情感、行动和言语，不至于因控制不好情绪而发火。教师会有效利用对幼儿的了解和他们典型的发展特点，慎重地做出回应，而不是凭直觉做出反应。这样，教师就能够更有效地支持幼儿的学习，因为，幼儿在教师面前是透明的。

（二）教师的指导更有针对性

良好的师幼互动意味着教师的指导是针对幼儿当下此刻的行为，教师可以清楚判断幼儿在做什么，出现了什么困难，如何进行介入指导。教师可以看到自己指导的效果，如果无效，还可以及时调整。比如，换个词语、提出一个新要求等，让自己的互动个别化。

（三）课堂秩序和氛围进一步改善

课堂纪律混乱或者教师大喊大叫管理班级秩序，呈现的均是不良的师幼互动的结果。孩子的问题行为与教师的无效互动有直接关系。比如，当幼儿无所事事时，会无事生非；当幼儿遇到困难需要帮助时无人协助；当幼儿被要求做他不喜欢的事情时；当幼儿不被理解时，都会出现问题行为。良好的师幼互动可以满足幼儿的需要，幼儿会更专注地做自己的事情，课堂秩序和氛围必然有序，在这种和谐的氛围中，幼儿变得更加平和，不当行为问题也就减少。教学实践将变得更充实，更有趣，充满活力。

（四）家园沟通更有效果

有时候，教师面对家长除了汇报幼儿在园的吃喝拉撒以外，似乎没有什么话题可以交流。有效的师幼互动可以给家园沟通带来很多话题。教师可以把自己观察到的新发现、幼儿掌握的新技能跟家人分享，以及更多精彩的、个别化的、具体的故事，这样的沟通内容会使家园双方关系更加密切。

第三节 师幼互动的基本原则与步骤

一、师幼互动的基本原则

（一）主体主导原则

主体主导原则指：尊重幼儿的主体地位，发挥教师的主导作用。这是师幼互动教学的前提。

在幼儿园中，幼儿是学习的主体、发展的主体。幼儿的学习和发展，只有通过他们自己的学习实践活动才能实现。教师包办代替幼儿的学习实践活动，必然导致幼儿学习效果不佳。因此，必须尊重幼儿的主体地位。然而，教师是教育者，是教学活动的组织者，教学过程中的“开放”与“封闭”、“创新”与“保守”，全都取决于教师的教育思想和教学策略。教师如果不能顺应幼儿发展的要求，或因循守旧，或放任自流，不去积极地发挥自己的主导作用，那么，幼儿学习和发展的效果也不会理想。

（二）启发探索原则

启发探索原则指：在教学过程中，教师是引导者，其基本任务是启发诱导幼儿；幼儿是探索者，主要任务是通过自己的探索发现新事物、新知识。教师的启发，目的在于引起（而不是代替）幼儿的探索。启发探索是师幼互动教学的基本方式之一。

幼儿的发展离不开探索，探索是一种高度独立的行为。引发幼儿探索的主要方式是启发诱导，命令式、注入式、满堂灌是幼儿探索行为的大忌。在一定的阶段，幼儿的探索是要靠教师启发的。幼儿探索的的愿望越强烈，探索性行为越多，探索的结果越好，则表明教师的启发越有成效，表明教师的主导作用与幼儿的主体积极性结合得越圆满。

（三）民主愉悦原则

民主愉悦原则指：在师幼互动过程中，教师与幼儿要平等对话、相互尊重、相互启发，保证幼儿有良好的心境和愉悦的情绪。这是师幼互动教学的重要保证。

权威抑制创造，权威抑制发展，师幼互动需要民主。只有民主平等，幼儿才能积极思维，大胆想象，不断产生新观念、获得新知识、得到新发展；否则，幼儿时时处处看教师的脸色行事，惟教师的观点是从，其思维必然狭隘僵化，乃至逐渐枯竭。消极情绪，如恐惧、忧伤、愤怒、烦闷等是幼儿发展的绊脚石。

贯彻民主愉悦原则，要求教师必须做到：

（1）教师要尊重幼儿的人格，视幼儿为朋友，平等相待，态度和蔼可亲，做到“导而弗牵”“强而不抑”。

（2）教师要尊重幼儿活动中的观点和解决问题的思路，一起讨论，相机诱导，不搞“一言堂”。

（3）方法要灵活多变，能够引起幼儿的兴趣。

（4）内容要难易适当、循序渐进，使幼儿感到“跳起来能摘到桃子”。

（5）分量适当，不致形成过重的负担。

（四）因材施教原则

因材施教原则指：根据幼儿的个性差异，为幼儿提供不同的学习帮助，扬其所长，补其所短。这是师幼互动教学的客观要求。

世界上没有两个完全相同的人。每个幼儿都有其不同于他人的个性特点，如“优势智力”不同、兴趣爱好不同、需要动机不同、能力倾向不同等；教师若不顾及这些个“不同”，简单地使用某种单一的和固定不变的教学方式去对待所有的幼儿，其结果不是“削足适履”，就是“拔苗助长”，戕害幼儿的发展。师幼互动教学若不坚持因材施教，则绝然不能达到预期目标。

贯彻因材施教原则，要求教师必须做到：

（1）了解每个幼儿的“优势智力”和兴趣爱好。

（2）加强特殊能力培养，注意发挥幼儿的个性专长。

（3）采取适当形式，实行分类或个别施教。

（五）积极评价原则

积极评价原则指：对幼儿在互动学习中的态度、方法和成果，要坚持正面观察，多肯定、多表扬、多鼓励，尽量做到不批评、不指责。评价，作为一种教学手段，有积极和消极之分。研究表明，积极评价不仅容易激活情绪，使幼儿进入兴奋状态，而且它告诉了幼儿“这样做是对的”，使幼儿的行为有明确的正面依据；而消极评价不仅容易使幼儿情绪消沉，而且它告诉了幼儿“这样做是不对的”，并没有给幼儿指出正面行动的方向，缺乏操作性指导。因此，师幼互动教学中要坚持对幼儿多进行积极评价，少进行，甚至不进行消极评价。

贯彻积极评价原则，要求教师必须做到：

（1）教师评价幼儿的出发点和落脚点是寻找幼儿的成功和进步，发现其闪光点。

（2）评价要以幼儿个体表现为参照系，即强调每个幼儿在自己原有基础上的进步。

（3）坚持表扬、激励，对幼儿任何一点微小的进步和成功，都要细心发现，高度珍视并及时给予鼓励。

（4）对幼儿的不足之处，要采取宽容态度，不要过多指责，只要不涉及社会伦理道德，就可以置之不问。

二、师幼互动的步骤

（一）到场——使自己静下心来，排除干扰专注于当下

“到场”意味着身心同在，而不是心不在焉。如果一位教师准备与幼儿进行互动，首先需要使自己静下心来，排除大脑中无关因素的干扰，专注于你和幼儿互动这件事情。无论之前你在想什么做什么，此刻，你都要快速整自己的状态，准备和幼儿开展互动。你可以尝试做几次深呼吸，让自己尽快平静下来，用“真实“的声音和幼儿真诚对话。记住，任何你的不真诚都会被幼儿感受到的，不要想着在幼儿面前进行表演，糊弄他们。

（二）建立联系——通过互动与幼儿建立情感链接

当教师做好互动的心理准备后，可以尝试与幼儿建立一种联系，即心理情感的链接。只有“亲其师”方可“信其道”。教师要让幼儿知道自己在关注他（她）、对他（她）感兴趣、愿意和他们互动的信息来激发幼儿的互动的积极性，唤醒彼此的信任感和安全感。

情境体验

第一步：让班里的学生两两一组，其中一人扮演“家长“，一人扮演“孩子“，两人面对面坐着或站立。

第二步：告诉“家长”，将有1分钟的时间和“孩子”进行有趣的游戏1~2分钟，亲子之间其乐融融。之后，“家长“停止与“孩子”游戏，并作出面无表情的状态。任由孩子怎么互动“家长”都无动于衷。记住，不是生气和愤怒，只是面无表情，持续1分钟左右。当听到“停止”指令时，活动结束。

第三步：分别询问“家长“与“孩子”各自的感受、想法和决定。进而体会情感链接的含义。

拓展阅读

建立链接的七种策略

（1）慢下来，关注当下。

（2）持续了解幼儿。

（3）倾听幼儿。

（4）让互动适合幼儿的个性化特点。

(5) 表示你的尊重。

(6) 引导幼儿的行为。

(7) 让信任持续加深。

——摘自 Amy Laura Dombro，Judy Jablon，Charlotte Stetson 著，王连江译：《有力的师幼互动》，中国轻工业出版社，2018 年版

(三) 拓展幼儿的学习——让互动变得更有教育价值

在前两步完成后，第三步就是要思考怎么通过良好的师幼互动来促进幼儿发展。教师通常要思考以下三个问题并努力做到：

1. 迅速判断教什么内容才合适

当教师观察到幼儿此刻的行为时，一定要非常清楚自己要在哪方面对幼儿有一些帮助并做出快速判断。这需要教师平时对幼儿的观察和积累，具有一定的专业性才可以做到。

4 岁小女孩莉莉正在摆弄橡皮泥，并做出了不同的形状，然后把这些形状从左到右排成一行。当小王老师看到这一情景后，认为这是一个好时机，可以拓展莉莉的空间思维和对几何图形的理解。于是，老师迅速做出决定：接下来，我可以针对几何图形与对莉莉开展对话，以促进莉莉的空间思维发展。

这是教师对莉莉的观察后，根据她的动作行为作出的迅速判断。

2. 将幼儿引到准备教的内容上来

教师一旦决定要对幼儿进行互动，接下来就要对幼儿现有水平作出综合判断，也就是“学情分析”，比如：他（她）已经掌握了什么知识和能力？他（她）能做到什么程度？他（她）的最近发展区在哪里？教师要利用对幼儿的了解，以及对所教内容的把握综合判断，决定如何在此刻对幼儿进行引导。

小王老师对莉莉的行为进行客观描述，并用了语气词：“哇！你把橡皮泥造型从左到右摆成了一条直线。”通过客观描述，莉莉意识到老师在关注自己，并对自己的行为给予肯定，同时也唤起幼儿对组织排列方式和空间方位的注意。（也许之前莉莉并不清楚自己在做什么，可能是无意之举，也可能莉莉正想放弃这个活动，但是小王老师的话让她有了坚持做下去的想法。这就是有效师幼互动，也是积极的鼓励。）

3. 选择合适的方法教给幼儿

当要学习的新知识与幼儿之前的经历或兴趣相联系时，学习对于幼儿就是有意义

的，也是容易开展下去的。接下来就是找到合适的方法帮助幼儿获得新知。

小王老师知道，莉莉比较善于思考，于是决定再拓展一下她的学习，请她用语言描述自己的想法。小王老师说："我很好奇你是怎么样想到把橡皮泥造型以这样的方式排列起来的？"这样的启发式提问会使得莉莉重新思考以下自己为什么这样做，促使莉莉做系统性思考。

拓展阅读

拓展幼儿的学习的十大策略

（1）引导幼儿说出自己内心的想法。

（2）对幼儿的好奇做出回应。

（3）进行客观描述。

（4）开展语言和非语言对话。

（5）鼓励想象性游戏。

（6）和幼儿一起解决问题。

（7）使用丰富的词汇。

（8）与幼儿一起欢笑。把幽默带入师幼互动，是幼儿接触新的思维方式和识字游戏，从而拓展他们的学习。

（9）以正确的方式提出正确的问题。

（10）把新的与熟悉的相连接。

——摘自 Amy Laura Dombro，Judy Jablon，Charlotte Stetson 著，王连江译：《有力的师幼互动》，中国轻工业出版社，2018 年版

第四节　师幼互动的影响因素

良好的师幼互动受多方面因素的影响，其中不仅仅包括师幼互动的双方——幼儿和教师，还包括其所处的环境以及其他因素。对师幼互动影响因素的研究有助于对其形成更为准确的认识，同时在今后的实践中可以有针对性地采取相应措施提高师幼互动质量。

一、幼儿因素

近年，有研究表明幼儿自身所具备的独特特征是影响师幼互动的第一位因素。不同的学者在不同的领域均提出了自己的观点，综合目前研究成果幼儿自身因素主要涉及以下几个方面：

1. 幼儿的气质类型

芬恩、盖瑞鲍笛、鲍尼（1993）的研究结果进一步证明，幼儿气质内向或是外向直接关系着他们与教师互动的情况。

开朗、外向且行为积极的幼儿受到教师的关注与反馈的机会最多，而比较内向、不爱表现的孩子得到的关注、反馈最少。

教师对于那些过度活跃、能力相对差一些，并且经常犯错的孩子，师幼互动中教师主要采取的也多是批评、拒绝和忽视等负面的互动形式。

2. 幼儿的外貌特征

在幼儿园中绝大部分幼儿教师对待幼儿均有一定的感情偏好，教师心中有自己的一套标准，对于那些长相符合自己喜好的孩子，幼儿教师在无形中愿意与之亲近，师幼互动较多，并且师幼互动质量较好；反之，则呈现出漠不关心或者是忽视的现状。

3. 幼儿的社会经验

幼儿早期的社会经验，尤其是在人际关系上的经历，在一定程度上会影响幼儿与老师的互动。在这里所讲的人际关系主要是指幼儿在家庭环境中与家庭成员尤其是父母的交往模式中形成的行为习惯。爱瑞克森和皮恩特（1989）的研究就指出，幼儿尤其是低龄幼儿指向教师的行为模式，即对教师的信任程度与情感亲疏程度几乎就是既定的幼儿与父母互动的翻版①，并间接影响幼儿的学习与环境适应能力。

总之，幼儿自身因素除去气质类型和外貌特征等先天遗传条件以外，还包括了在家庭环境中形成的与父母之间的早期人际交往经验，甚至幼儿不同的家庭背景引发的教师对于幼儿的不同态度，都在一定程度上影响了幼师互动的模式和实施情况。

二、教师因素

幼儿教师作为师幼互动的另一主体，发挥着至关重要的重要。教师受教育水平、所持的教育理念，以及在实践中对于师幼互动活动的领悟及反省能力都是影响其师幼互动质量的重要因素。

1. 教师的学历层次和受教育水平

教师的学历层次和受教育水平虽然不能作为其教育观念的评价指标，但是其在一定程度上反应了教师理论基础的深度和专业水平的高度。具备扎实的理论功底和优良的个人素质，教师在师幼互动过程中能够结合自身所学，努力与幼儿园实践相结合，认真践行因材施教的教学宗旨，始终面向全体幼儿，努力做到“爱每一个孩子，公平对待每一个孩子”。

2. 教师的儿童观

儿童观，即教师如何看待幼儿的问题。教师对于幼儿的认识水平决定了其是否能够

---

① 刘晶波. 师幼互动研究——我在幼儿园里看到了什么［M］. 南京. 南京师范大学出版社，2003：29.

准确把握每个孩子的身心发展特点、学习特点和不时出现的行为差异，如果忽略幼儿自身具有的特殊性，忽略其是“完整的、发展中的人”的特点，教师在师幼互动中不可避免会造成教师的完全主导，迫使幼儿处于被动接受的地位。根据幼儿的实际情况、兴趣爱好、年龄特点开展师幼互动也就显得是一纸空谈了。

3. 教师的管理观念

如果教师多是以一个“管理者”出现在幼儿面前，教学中加强了对幼儿的“管理”，认为“懂事、听话、不惹事的”就是好孩子，而不是一个“支持者、合作者、引导者”，就很容易束缚教师的积极性，也使他们在教育活动中很难对那些活泼、调皮的幼儿做到因材施教，很难对那些能力差的幼儿做到耐心、细致的指导。

4. 教师的实践经验

良好的师幼互动是教师基于良好的综合素养，在实践中逐步积累相应的经验，不断提升对教育现象的观察和反省能力。教师在活动过程中，是否关注幼儿与环境材料、幼儿与同伴之间相互作用的过程；是否能在观察的基础上，做出恰当判断，并及时地、积极地与幼儿互动，这些都影响着幼儿的发展。此外，如果教师能时时考虑到幼儿园内发生的每件事情对于幼儿发展的意义，那么教师就会对幼儿采取积极的支持性行为，就会与幼儿形成和谐的师幼关系，反之则不然。

5. 教师的期望

在日常的师幼交往中，教师期望对儿童发展产生着重要的直接影响。国内学者庞丽娟以皮格马利翁效应作为其理论依据，探讨了教师的期待对幼儿发展的重要影响，揭示了幼儿与教师在教育过程中双方之间的行为交互作用的过程。

教师根据对幼儿的总体印象形成对不同幼儿的不同期望，教师对幼儿形成怎样性质的印象受幼儿多方面信息的影响：儿童的心理测验鉴定结果、以往的表现能力、性别、身体特征、家庭背景、社会经济地位等都会影响教师对其印象的形成，教师的总体印象一旦形成，就会对儿童产生一定的期望，受不同期望的引导和影响，教师对不同幼儿进行不同的互动，而教师对待儿童的方式会被儿童所感受到，从而对他们的发展有不同的影响。

6. 教师的情绪管理

教师的情绪直接影响教师对待幼儿的态度、说话的语气、语音、语调等，如果是正向的、积极的、温暖的语气和语调，则有利于拉近教师与幼儿的心理距离。反之，负面的、消极的情绪影响师幼互动的效果。因此，教师的情绪管理能力很重要。引发教师情绪的诱因很多，最直接的是幼儿的问题行为引发教师生气，进而表达出坏情绪并传递给幼儿。

不得不承认，有时候，即使教师有正确的教育观，能控制自己的情绪，但是却没有掌握说话的技巧，不知道怎么表达才是更好的表达，常常使用暴力语言进行暴力沟通，说出伤害人的话，影响师幼互动的效果。比如，幼儿园中教师常说的暴力语言有：

“再不听话，老师就不喜欢你了（就不让妈妈接你了，把你送到小班去）”——

威胁

“闭嘴、就你话多”——命令

“能不能快点，每次都是你最后”——贴标签

“我数三个数，一、二、三”——威胁

三、环境因素

1. 环境创设

幼儿的学习是在与周围环境、与人、与事件相互作用的过程中进行的，因此，在幼儿园创造一个适合幼儿学习的环境是课程的一个重要部分。

教师与幼儿发生互动最多的时间有集体教学活动、盥洗环节、过渡环节以及就餐环节。这些时间节点上的互动多为教师维持秩序产生的师幼互动。幼儿的自由与规则会发生冲突，这时候师幼互动需要教师尤为慎重。班级空间结构布局也会影响师幼互动。比如集体活动中幼儿如何排座？秧田式还是马蹄式？或者围坐圆圈？教师与幼儿的高度差多少？空间距离多远等，都会影响师幼互动发生。传统的桌椅摆放格局给教师与后排幼儿的交流造成障碍，不仅影响师幼之间的互动，也影响前后排孩子的互动。

2. 班级规模

班级规模太大，会导致教师心有余而力不足，以致教师会在实际的工作中建构起一种能够快速、便捷地达到自己目的的互动方式与过程。对于幼儿新奇的发现、探索的迷惑、提出的疑问，也只能简单回答，打击幼儿的积极性，不利于长期良好的师幼互动。

3. 教师的稳定性

幼儿对幼儿园的安全感来自于教师的稳定性，与固定老师进行师幼互动的幼儿，会在园中表现出更多的积极情绪，更愿意参加与同伴及环境的有效互动。研究发现，儿童先前所经历的幼儿园教师的稳定性影响儿童在小学的学业成就。

4. 办园体制

幼儿园是否附属于其他学校之下，领导是否“科班出身”，是否压制了园长的管理热情，是否了解幼儿教育独特的教育特点和教育规律。

第五节　师幼互动的相关理论

一、布朗芬布伦纳的人类发展生态学理论

人类发展生态学是一门综合性很强的学科，其理论来源于很多不同学科，包括社会心理学、人类学、生态学等。该学科首先由美国心理学家布朗芬布伦纳创立，他研究分

析了有机体在成长过程中与环境相互协调发展的问题，提出“有机体与其所处的即时环境的相互适应过程受各种环境之间的相互关系、以及这些环境赖以存在的更大环境的影响”。他认为，“人类发展生态学研究的是发展着的个体与其直接生长于其中的变化着的环境之间的渐近的、双向的互动，而这个互动过程又受到个体不同的直接环境之间的相互联系的影响，并受到这些环境所处的文化背景的制约”。

人类发展生态学中的“生态”指的是有机体或个人正在经历着的，或者与个体有着直接或间接联系的环境。人类发展生态学中的“环境”指的是体验到的、对人发展产生影响或受人发展影响的“事件或条件”，不仅涉及任何在科学意义上环境的实体特征，还包括在环境中的儿童对这些特征的主观感受，而且各种不同层次、不同性质的环境相互交织在一起，构成了一个既具有中心，又向四处扩散的网络。布朗芬布伦纳将之称为生态环境。其按与个体互动的频率及密切程度依次向外扩展成四级——微系统、中间系统、外系统和宏观系统。这些不同层次、不同性质的环境相互交织在一起，前者逐个地被包含在后者之中，形成了一种同心圆样式的结构。

微系统是指个体最直接接触到的环境，是发展着的人在具有特定物理和物质特征的情景中所体验到的活动、角色和人际关系的一种样式。包括家庭、学校、邻居和社区。中间系统是指由发展的人积极参与的两个或多个情景之间的相互关系，例如家庭与学校、学校与社区、家庭与同伴等。外系统是对儿童的发展只有间接而无直接的影响，包括了两个或两个以上环境之间的关系和发展过程，至少有一个环境不包括发展着的个体，但是会间接地影响个体存在的微环境。宏观系统是个体所处的整个社会组织、机构和文化背景，包括来自某种文化或者文化的价值观念、信仰和信念、历史及其变化、政治和经济、社会机构等，宏观系统是微系统、中间系统、外系统的联合建构，包括特定文化或者亚文化的特征、信仰、知识体系、物质资源、习惯、生活方式等。

各个系统是相互联系、相互制约的，其中任何一个系统的变化都会波及另外一个系统；儿童的发展过程是其不断地扩展对生态环境的认识的过程，从家庭到幼儿园再到社会；儿童的生态过渡对其发展具有举足轻重的作用。

因而，要对人的行为与发展进行研究，必须将研究对象放置在其赖以存在的相互关系、相互影响中的相对稳定的生态环境中进行考察，从个体与各种生态因子的交互作用中把握其发展态势。依据这一观点来看入园儿童的发展，必然涉及学校与家庭这两个生态系统，要促进幼儿的发展，必然离不开对学校与家庭两个系统之间关系的了解。就此而言，布朗芬布伦纳的人类发展生态学理论从宏观上为师幼互动行为以及家庭背景对其影响的研究提供了一个逻辑起点。

二、埃里克森的人格发展理论

埃里克森是美国现代著名的精神分析理论家。他认为，个体发展是持续一生的，而不是在成年早期就结束了。他提出了著名的心理社会性发展的八个阶段理论，认为在心理发展的每一阶段，个体都会面临着一个需要解决的心理社会问题，该问题引起个体心理发展的矛盾与危机。如果个体能顺利解决每一阶段所面临的矛盾与危机，就会对个体心理发展产生积极影响；相反，则会产生消极影响。

埃里克森关于人格发展的八个阶段是相互依存、紧密联系的。个体每一阶段危机的解决方式对其自我概念和价值观念有着重要影响。后一阶段发展任务的完成依赖于前一阶段（或前几阶段）冲突的解决，而早期冲突也可能推迟到后期发展阶段中得到完全解决。如果个体发展的阶段性危机没有得到较好解决，就会影响个体的人格和社会性发展。

在埃里克森划分的八个阶段中，3—6 岁幼儿相对应的是第二阶段“自主性对羞怯和疑虑”与第三个阶段“主动性对内疚”。在这两个阶段，儿童进入了人生中第一个专门教育机构——幼儿园，开始与教师发生直接行为往来。在贯穿幼儿园一日活动的师幼互动过程中，如果作为教育者、养护者的教师能够意识到自己的行为对幼儿发展的作用，明智地把握自己对待幼儿的态度和行为，对于幼儿的自主行为和主动行为给予适度的控制、适度的自由和充分的支持、鼓励，那么幼儿就容易形成独立、自尊、勇于探索、乐观向上的人格特征；相反，教师对幼儿干涉过多、限制过严，则有可能使幼儿形成畏缩、胆怯、过分依赖的不良人格特征。

在这里，埃里克森的人格发展理论从微观侧面上揭示了师幼互动、师幼关系对幼儿人格发展的意义以及研究的价值。

三、班杜拉的社会学习理论

社会学习理论是由美国心理学家阿尔伯特·班杜拉（Albert Bandura）于 1977 年提出的。它着眼于观察学习和自我调节在引发人的行为中的作用，重视人的行为和环境的相互作用。

所谓社会学习理论，班杜拉认为是探讨个人的认知、行为与环境因素三者及其交互作用对人类行为的影响。按照班杜拉的观点，以往的学习理论家一般都忽视了社会变量对人类行为的制约作用。他们通常是用物理的方法对动物进行实验，并以此来建构他们的理论体系，这对于研究生活于社会之中的人的行为来说，似乎不具有科学的说服力。由于人总是生活在一定的社会条件下的，所以班杜拉主张要在自然的社会情境中而不是在实验室里研究人的行为。

通过大量严谨的实证研究，人们在日常生活中总是选择那些和自己很相似或者英雄物、理想人物、权威人物的某种能获得他们认为的理想后果的行为作为学习的对象，而不愿意去效仿导致不良后果的行为。

班杜拉的社会学习理论展示给我们的是教师与幼儿的相互作用在幼儿在学习、掌握和调节社会性行为方面的功能与价值。应用这一理论来看教师与幼儿之间的交互作用，不难发现，对于在幼儿园生活的幼儿来说，教师在经验、知识、能力等方面远远超过他们，因而既是他们一日生活的管理者，也是知识、技能的传递者。教师责无旁贷地拥有对他们的控制权、评估权，因而理所当然地充当着幼儿现实生活中的权威与心目中的偶像，教师的行为也随之成为了幼儿的榜样行为。在与教师的行为往来中，幼儿不仅学习着教师教给他们的知识、技能，还在观察、学习着教师表现的每一种带有社会意义的行为。毫不夸张地说，如果幼儿能够从教师指向自己的行为与情感中意识到自己的偶像是一个待人友善、和蔼可亲、时刻发自内心地关心并爱护自己的人，那么幼儿也会潜移默化地习得积极的行为。反之，如果幼儿发现自己面对的是一个严厉、苛刻、粗暴的教师，即使她不间断地对幼儿进行“友善教育”，幼儿也几乎不可能在其行为的影响下“出淤泥而不染”。

四、符号互动理论

符号互动论，又称象征互动论，是一种主张从人们互动着的个体的日常自然环境去研究人类群体生活的社会学和社会心理学理论，由美国社会学家米德（G. H. Mead）创立，并由他的学生布鲁默于1937年正式提出。

符号互动理论（symbolic interactionism）是一种侧重于从心理学角度研究社会的理论流派，又称象征互动论，一种侧重于从心理学角度研究社会的理论流派。这一理论认为，社会是由互动着的个人构成的，对于诸种社会现象的解释只能从这种互动中寻找。

在符号互动理论中，符号是基本的概念。符号是指所有能代表人的某种意义的事物，比如语言、文字、动作、物品甚至场景等。一个事物之所以成为符号是因为人们赋予了它某种意义，而这种意义是大家（相关的人们）所公认的。文字是一种符号，它是认识或使用该种文字的人的沟通工具。语言是所有符号中最丰富、最灵活的一个符号系统，通过口头语言、身体语言（包括表情与体态）人们可以传达各种意义，实现人们之间的复杂交往。物品也是重要的符号，比如校徽是一所学校的代表，国旗是国家的象征。

在幼儿教育研究领域，符号互动论的引入使我们看到，幼儿园实质上是人类社会中人际互动的产物，是人类为了自身的延续发展而与其后代间进行互动建立起来的一种专门性社会机构，其宗旨在于传递知识、规范，培养能力，引导并促进自然人的发展与社会人的形成。它的运行是以其成员间的人际互动为标志的。其中，师幼互动是各种人际互动的核心，贯穿于幼儿园的教学活动、生活活动、体育活动、游戏活动等各个场景。如果在师幼互动中存在不均等现象，势必会阻碍幼儿良好心理品质的获得，对幼儿一生的发展产生深远影响。

本章小结

本章主要讲解了师幼互动的一些基本概念和理论，从几个方面重点进行了阐述：师幼互动的含义；师幼互动的类型及特征；师幼互动的基本原则；师幼互动的影响因素；师幼互动的相关理论。

基本要点示意图如下：

- 师幼互动概述
  - 师幼互动的含义
    - 互动的含义
    - 师生关系和师幼互动
    - 师生互动和师幼互动
  - 师幼互动类型及特征
    - 类型
    - 特征
  - 师幼互动基本原则与步骤
    - 师幼互动基本原则
    - 师幼互动基本步骤
  - 师幼互动的影响因素
    - 幼儿自身
    - 教师因素
    - 环境因素
  - 师幼互动的相关理论
    - 人类发展生态学理论
    - 人格发展理论
    - 社会学习理论
    - 符号互动理论

思考题：

1. 师幼互动的特征及步骤有哪些？
2. 影响师幼互动的因素主要包括哪些？
3. 师幼互动的相关理论包括哪些？

推荐阅读

《社会视野下的师幼互动行为研究：我在幼儿园里看到什么》刘晶波著，南京师范大学出版社 1999 年版。

这是一本记载幼儿教师与幼儿之间的行为往来的书籍，刘晶波女士在书中以案例的形式记载了若干个师幼互动行为。同时，她用 35 张图表将研究的成果以数据的形式给我们展现了：那些 3—6 岁的儿童们对人（特别是对老师）对事（其根本也是对人）所持的各种内在的尺度，也即是他们对其他人（特别是对成人）所寄予的各种期望、企盼、要求等——儿童在与人相遇时所呈现的心灵世界。

书中有这样一段话：每个人的一生都好比一条有起点和终点的线段，注定了要和其他的线段相遇、相交接成一个又一个网点，直到生命结束，每个人都有一张标志他曾经作为人生存过的网。想了解一个人、了解他人对他的影响，我们不能只停留于查看他所编织的静态的网，而是要去亲历一下他与他人相交接的动态的过程。所以作为老师，应该要和幼儿多沟通，这种沟通不是浅层次的。教师不只需要运用语言，还需要细心的观察、敏感的领悟与到位的反省，而所有这些的前提就是要“倾听”孩子，调整自己对待孩子的行为方式，用成人全部的心智理解孩子的真实意图。书中有位老师这样形容自己的工作——“只要进了幼儿园，就总有做不完的事情，一刻也不得清闲。忙这忙那，只要孩子不离园，你的弦儿就得绷得紧紧的，根本别想放松！”这是真实的写照。

从书中的点点滴滴可以看出，作者走进了教师与幼儿的现实生活场域，走进了他们进行行为往来的一个又一个的微小空间。这是读者在粗浅地翻阅这本书后的一点体会，但是，里面的 589 个案例着实让人震撼，他们就像是许许多多的孩子亲口对你诉说；更像是你身临现场与孩子发生的一切……

拓展训练

案例：小企鹅的家“停电了”

教室里，老师正在组织一个美术活动。“寒冷的冬天到了，小企鹅们可不怕冷。瞧，它们在冰天雪地上做着有趣的游戏呢！”随着谈话引出活动，老师出示了一幅画。画中色彩鲜艳、形象可爱的小企鹅很快吸引了孩子们的视线。

老师立即因势利导地启发孩子们："等一下小朋友要开动脑筋，画的小企鹅要和老师的不一样。"话音刚落，成成马上举起小手说："我画小企鹅在打冰球，我要把球网画得大大的。"随后其他小朋友也讲述了自己想画的内容。"小朋友想得真好"，老师逐一肯定了孩子们的想法。在看完了老师的讲解示范之后，老师就请孩子们动手画了。

不一会，成成就大叫起来："老师，我画完了。"老师走到成成的身旁，只见成成的画纸上是黑压压的一片涂鸦，小企鹅的身体若隐若现，整张画显得乱七八糟。

如果你是这个老师，你会怎么做？________________

我们来看看老师是怎么做的？

老师弯下身子，拍拍成成的肩膀，夸张地说："天哪，成成，你画的是一只黑色的企鹅吗？"成成一听老师对他的画感兴趣，急忙解释道："不是的老师，我的小企鹅正准备去玩，可是它们家忽然停电了，所以就漆黑一片。"老师听后笑了起来："原来是一只在黑暗中的企鹅啊！它会不会害怕呢？"对话由此延伸下去。

思考：1. 你认为这个老师做的好不好？好在哪里？

2. 这个案例中体现了教师在师幼互动中遵循了哪些基本原则？

第二章　师幼互动之教师角色与儿童观

大自然希望儿童在成人以前就像儿童的样子。如果我们打乱了这个次序，我们就会造成一些早熟的果实，它们长得既不丰满也不甜美，而且很快就腐烂……儿童是有他特有的看法、想法和感情的。

——卢梭《爱弥儿》

学习目标

1. 本章导读："教师"这一概念在不同的时代有着不同的表述，古今中外的思想家和教育家从不同侧面为教师职业做过界定，社会的发展推动着教师不断向"发展"状态努力。师幼互动是幼儿教师角色行为最直接、最集中的体现，它标识着外显的教育手段和教育结果，同时也反映了内隐的教师角色意识、角色定位和角色转换。从考察师幼互动入手，可以比较全面、准确地把握教师角色的定位问题。教师是否能正确认识自己在师幼互动中的角色，将直接影响着教师素质的提高和教师职能的发挥，进而影响教学的实际效果。儿童观是人们对儿童的总的看法和基本观点。它是教育的依据，教育者所持有的儿童观直接影响到他们对儿童的教育理念、教育方式、具体教育行为等，继而直接关系到儿童能否更协调、更理想地发展，或者能否避免儿童成长过程中的某些不足或遗憾。本章主要探讨师幼互动中的教师角色以及如何树立正确的儿童观，帮助我们正确认识幼儿教师，正确认识幼儿。
2. 教学重点：了解师幼互动中教师的角色意蕴以及儿童观的含义，科学地认识教师在教育教学活动中的角色，树立正确的儿童观。难点：师幼互动中的教师角色以及儿童观具有隐秘性，正确进行角色定位并将其运用于实际教学过程中是不容易的，避免主观了解但并无具体实施。
3. 教学课时：4 课时。

第一节 师幼互动中的教师角色

一、教师角色定位影响师幼互动质量

在集体教学活动中，教师和幼儿在师幼互动中的主体地位和主体性的发挥程度是有很大差别的，教师居于更为主动和优越的地位，而幼儿相对被动。这种差异的存在与教师和幼儿在师幼互动中的角色定位，特别是与教师的自我角色定位、对幼儿的角色认识有很大关系。

一般来说，教师把自己更多地定位为调控者、组织者，有着明确的“教育计划”，希望自己的行为和要求能被幼儿所接受、执行；由于长期的互动经验和外界教育的不断强化，幼儿也更多地将自己定位为服从者，听从和遵守的成分更多，这在一定程度上强化了教师的这种角色意识，进而影响了教师在师幼互动中的行为性质和敏感性程度以及幼儿在师幼互动中的主体地位和主体性的发挥。

二、教师角色转变存在的问题

1. 教师的角色意识与角色承担能力不匹配

扮演什么样的角色就要采取相应的行为，如果教师作为幼儿游戏伙伴融入游戏当中，那么教师就不能采取在集体教学活动中的教育者的行为。幼儿教师的角色意识决定着他的角色行为，角色行为在一定程度上体现了相应的角色意识，由抽象的意识转变为具体角色行为必须依赖于一定的角色承担能力。教师一方面要加强理论学习，另一方面要提高教学技能，全面提高教师的角色承担能力。

教师的角色承担能力低下主要表现在以下几个方面：在帮助儿童发现问题、合作解决问题方面存在困难，教师在教育评价方面存在困难，教师在确定何时介入与如何介入幼儿活动方面存在困难，教师在处理自由与秩序的关系方面存在困难，教师在确定何时进行必要的经验提升、寻找课程的生长点方面存在困难，教师在有目的地进行各领域知识的有机联系方面存在困难，教师之间、教师与家长之间进行协同教学存在困难。

产生这一系列困难的原因有以下几点：首先，教师所承担的新角色与原有角色之间会发生冲突，社会的理想化规范与教师自身个性表现之间会发生冲突，幼儿、幼儿园教学管理人员、家长等不同人群对教师的期望是不同的，也会引起教师的角色冲突，当角色期待与角色表现之间不相匹配时，往往会造成“角色紧张”，这在一定程度上干扰了教师的角色表现；其次，教育对象的特殊性加大了幼儿教师角色恰当实践的难度；再

次，客观条件、教师固有的角色意识及自身素质（知识经验、技能水平、专业素养等）也影响教师角色的转变；最后，教育改革方向和速度是教师角色转变的目标参照物，它规定了教师角色转变的倾向、性质和内容，教育管理者的角色转变、对教师评价机制及内容的改革直接影响了教师角色的转变，评价标准和改革要求不一致是当前教师角色转变所面临的一个重大阻力。

2. 教师角色意识不清晰

教师具有角色转变的愿望和意识，但由于受教师角色的多样性及教育情境的复杂性等多种因素的限制，教师在活动中往往不能灵活地实现多个角色间的转变，表现出不明确、不稳定的特点，因而教师不能很好地处理互动中形式与实质间的关系。教师常用自己的意愿剥夺幼儿选择的权利，使互动成了单向的作用，师幼互动是一个双向行为，在相互合作中发展。

教师开启的师幼互动行为事件排在前五位的是：指导活动、提问、约束纪律、共同游戏、让幼儿做事情；排在后四位的是：表达情感、抚慰情绪、询问和照顾生活。可见，目前的师幼互动在内容上表现出明显的重规则、多提问和少情感交流等问题，教师在互动中的注意力或幼儿互动的主要内容更多地停留在对幼儿行为问题的处理和控制上，而缺乏积极有效的情感交流，这与教师的角色意识不明确、不稳定有关。

三、教师角色的多样性

教学活动不仅是文化知识传授活动，而且是教师与幼儿的相互交往活动、情感交流活动。教师作为主体，其作用的客体是玩教具、幼儿、自我和活动。因此，教师的角色是不断发展、变化和创新的。

1. 幼儿教师角色的历史演变

随着社会的发展，教师的角色也在不断变化，概括地说，教师的角色经历了以下几个阶段：

（1）充当保姆的阶段。

在古代的少数富贵人家，幼儿的教养通常由经过挑选的女仆承担，她们通常目不识丁，自然只能扮演保姆角色照看孩子。直到近代的公共幼教机构，也主要是为照看工人的幼小子女而设立的，这些机构内部的专职人员只保不教，仍然充任保姆角色。因此，在历史上，幼儿教师曾被看作保姆，或实际上只能承担保姆的职责，要么只保不教，要么以保为主，辅以教育。这样的幼教工作人员指导下的幼儿，其身体可能得到较好的呵护，但认知水平和情感发展难以达到应有的水平。

（2）充当教师的阶段。

随着大工业和科技的发展，人们对幼儿教育的要求越来越高，社会对幼儿的期望越来越大，对幼儿教育工作者的要求也越来越高。社会教育工作者的职责主要由保育转为教育，或以教育为主。她们不仅能从事保教工作，而且能启发、引导幼儿、促进幼儿身心的全面发展。但是我国后来实施分科的教学，强化“上课”“教学”等概念，教师没有平衡好保教关系，一些做法妨碍幼儿身心的和谐发展，违背了幼儿的身心特点。

2. 现代幼儿教师的角色

（1）教师是教育者。

幼儿园是正规的教育组织，其中心任务是教育、教导幼儿。因此，教师的主要职责是教育幼儿。幼儿教师首先是一个教育者，所以要以教育者的标准严格要求教师。

第一，教师是物质环境的提供者和组织者。幼儿主要通过物质活动学习。为了让幼儿顺利地进行物质活动，教师能够善于制作玩教具，合理布置室内外的环境，教师通过环境与幼儿互动。

第二，教师是幼儿的观察者和记录者。幼儿的发展具有差异性，教师需要认真观察才能够发现幼儿的点滴进步与不良倾向，及时实施科学引导，在引导过程中善于及时记录幼儿的表现，并且保留幼儿的作品，为儿童建立成长档案。这些观察和记录不仅是教师生成课程的依据，也是教师制订教育计划、与幼儿家长和社区交流的重要内容。

第三，教师是幼儿的榜样和示范者。幼儿理解力较差，难以明白一些抽象的道理，这就要幼儿善于示范、表演，让幼儿具体地模仿学习。另外，幼儿好奇心强，喜欢模仿，也易受别人的暗示和感染，因此，教师要注意自己的一言一行，要为人师表，做幼儿的榜样。

第四，教师是幼儿学习的指导者。教师必须依照明确的教育目的，对幼儿施加具体、有效的学习指导，以促进幼儿身心健全地发展。教师的指导体现在方方面面：他可能提供新的玩教具，发现新的问题，找到更好的解决方法，产生新的兴趣和探索与动力。他可能有语言、动作、姿势、作品、玩具、环境等多种方式引导孩子的学习，成为幼儿学习的建构者和支持者。

（2）教师是幼儿游戏的伙伴。

游戏活动是幼儿的主要活动，也是幼儿教育的主要办法。其最大特点就是将课程的内容融合在幼儿自主的探索活动中，让幼儿在游戏活动中主动捕捉其中的文化信息，并产生相应的情感体验。在游戏中，教师是材料的提供者，游戏情节的设计者和游戏中矛盾的协调人，教师主要做的是扮演游戏中的角色，教师与幼儿一起做游戏，在游戏过程中，教师应主动放下架子，积极与幼儿合作，成为幼儿游戏的伙伴。

（3）教师是幼儿的第二任母亲。

幼儿园是幼儿迈向社会的第一站，幼儿由于社会生活经验缺乏，身心发展水平较低，对成人的依赖性还很强，当幼儿进入幼儿园后，他们由对家长的依赖逐渐转移到教师身上，这就需要教师善于满足孩子的这种需要，做他们的亲人，成为他们尊敬和爱戴的长者。幼儿园的教师主要是女性，一般比较细心，感情细腻、丰富，善于接近幼儿和照顾幼儿，也容易在幼儿的心目中树立起母亲的形象，与幼儿建立起母子般的关系。教师给予幼儿母亲般的照顾，有利于消除幼儿的入园焦虑，使幼儿产生“幼儿园是我家”的感觉，幼儿才能在幼儿园中身心愉悦。

（4）教师是幼儿的朋友。

幼儿尽管是幼稚的个体，但也有其丰富的内心世界，也有许多悄悄话和小秘密，他们的社会性得到了初步的发展，产生了交友的愿望，形成了最基本的交友能力。这时，教师可以和幼儿交朋友，以心换心，也与幼儿建立起亲密的师幼关系，教师可以走进幼儿的内心世界，关心和洞察他们的内心世界。幼儿可以走进教师的生活，与教师同喜同忧，学会观察和理解自己的老师。

苏霍姆林斯基认为，一个好教师必须热爱孩子，并能从与孩子的交往中寻找乐趣，他应善于和孩子交朋友，感受他们的欢乐与痛苦，了解他们的内心，并不忘记自己过去也曾是个孩子。

综上所述，教师只有充当了幼儿的教育者、游戏伙伴、知心朋友、第二任母亲等重要角色，才能在幼儿的生活和学习中承担多种职责，对幼儿的生活和学习、身体和心理的发展发挥全面而又深刻的影响。

（5）教师是研究者和理论的建构者。

教师能否履行以上提及的多种角色的任务，关键在于幼儿教师能否在工作的过程中反思实践，从事行动研究，并将经验上升到理论的层面。教师应是行动和理论的“巨人”，在工作中教师对幼儿的研究，对课程、游戏的研究，对幼儿家长和社区环境的研究，对自身教学行为的反思永无止境，教师应参与教科研活动，成为教科研活动中的一员。教师的行动研究和理论建构活动是其专业成长必不可少的环节。这可以保证幼儿教师专业的可持续发展，也可以保持幼儿教育本身的生机和活力。

案例导入

老师：“奥运会上谁的手最能干？来，安琪！”

“呃……叫什么，我忘了。”

“是划船的吗？哦，来来，你上来做个动作，让他们来帮你！”

老师把小女孩引上讲台，小女孩做了几个动作。

老师问大家：“这是什么动作？”

下面有孩子说：“是击剑。”

老师：“是击剑吗？对了，她手上握着长剑，击剑运动员的手很灵活。你觉得呢？”

一个孩子一直举着手，期望回答问题。

老师于是叫他回答。

但是他却说：“我也知道一个，我也说不出来。”

老师：“来，那你也做一下动作让大家帮你说。”

“我也做不出那套动作！”

“那你告诉我！”老师半蹲下，让孩子贴近自己，小声地给自己描述，而自己就像一个孩子一样，专心地听着孩子的描述。

案例分析

从教师的行为方式我们可以看到，他把尊重、平等这样一些认识已经发展成为一系列的可操作的教学策略和模式，如耐心地让儿童以比较复杂的动作语言呈现自己的想法，故意放低姿态耐心平静地聆听孩子的看法。教师努力传达着自身愿意接受学生以及被学生接受的信息，设身处地地去接纳学生的情感和处境，这样学生各种发展的可能性就会被激发。

教师的角色应与教育对象身心的多方面特点相适应而不断变化。首先，幼儿生理、心理都尚未成熟，幼儿教师与幼儿应超越一般性的交往，扮演好“养护者”的角色；其次，观察学习、模仿社会榜样是儿童早期学习的重要方式与特征，教师通过自身的日常行为、言谈举止、情感态度等对幼儿的发展产生潜移默化的影响，所以教师要为幼儿树立好榜样；最后，教师作为儿童初步认识社会、适应社会并走向社会生活的重要领路人，一方面，要组织进行大量与幼儿的社会生活密切相关的教育活动，另一方面，要适时地结合儿童的经验，教给他们大量的社会规则、行为规范，引导他们观察体会人与人之间的相互关系和相处方式，并积极地创造机会、条件，帮助他们实践并逐步掌握恰当的交往行为和技能策略。可见，教师是幼儿社会性发展的促进者。

第二节　师幼互动中的儿童观

一、什么是儿童观

成人的各种儿童观：儿童是“小大人”，儿童是“有罪的”，儿童是“白板”，儿童是“花草树木”，儿童是“私有财产”，儿童是“未来的资源”，儿童是“有能力的主体”，儿童就是“人”，等等。社会看待和对待儿童的看法或观点，涉及儿童特性、权利与地位、儿童期的意义以及教育和儿童发展之间的关系等问题。

中外古今，不同地域、不同时期具有不同的儿童观。在中国传统观念中，儿童被视为家庭和家族的隶属品，父母的私有财产，儿童没有自己独立自主的人格，只有对长辈的依附关系。在古巴比伦时代、古希腊时代和古罗马时代，儿童被看作上帝的仆役，在家庭和社会中没有独立的地位，甚至还处于受迫害的状态。在中世纪居统治地位的儿童观是基督教的原罪说，即儿童是带着“原始的罪恶”来到人世的，必然历尽生活的磨难不断赎罪，才能纯化灵魂，儿童被视为父母的隶属品，鞭笞和体罚儿童视为合情合法。14 世纪后出现的文艺复兴运动中，人文主义者提倡从儿童的自然本性看待儿童，从抽象的人性出发肯定儿童的权利和要求，但把儿童看作成人的雏形的观点仍占统治地位。20 世纪以后，随着对儿童研究的深入，开始了解儿童具有的特性、儿童的发展潜能，早期教育开始受到重视。

从历史发展角度来看，西方儿童观的演变主要经历了古典时期的小大人说、中世纪的原罪说、现代儿童观（以卢梭、杜威等为代表）及当代的儿童宗教观（以蒙台梭利、皮亚杰等为代表）。小大人说把儿童看成是缩小的成人，是成人的预备；中世纪的原罪说源于把人看成是生而有罪的，故儿童自然是有罪的，是需要加以鞭笞和惩戒的。卢梭时代发现了儿童的价值，认为儿童是独立意义上的人，提倡一种“儿童中心”的儿童观，使对儿童的尊重和教育发生了前所未有的变革，乃至当代，在蒙台梭利、皮亚杰、马修斯等人的推动下，儿童几乎成为一种宗教。他们呼吁“以儿童为师”“向儿童学习”，把对儿童的崇拜推向极致。

现代化的儿童观：

1. 儿童是人，他具有生存权，具有人的尊严以及其他一切基本人权。

2. 儿童是一个全方位不断发展的人，他具有满足生存和发展需要的权利。

3. 儿童期不只是为成人期作准备，它具有独立存在的价值。

4. 不同性别的儿童应该受到平等的对待。

5. 儿童有其内在的生动的精神生活，成人应当尊重和珍视这种精神生活；儿童还具有形之于外的丰富多彩的文化活动；成人应注意理解和参与儿童的精神生活和文化生活，不应将成人文化无条件地强加给儿童。

6. 儿童的精神世界和文化生活可以给成人以启示，成人应当向儿童学习。

7. 每位儿童都有接受教育的权利，教育的目的不仅在于儿童的发展，而且还在于儿童是否获得了幸福。

8. 儿童有权拥有欢乐、自由的童年。

知识链接

成人儿童观的隐含释义

1. 儿童是“未来的资源”

持有这种观点的人认为，儿童是国家最宝贵的财富，是国家潜力最大的资源、未来的兵源和劳动力。对儿童进行教育，就是对未来进行的最有价值的投资，这种投资利国利民，多投资才能高产出。

2. 儿童是“有能力的主体”

人类的童年期长于动物的童年期，这为儿童以后的发展奠定了良好的基础。儿童在体力、智力、情感、社会性、道德等许多方面，都不同于成人，他们是正在发展中的人。不能因为儿童弱小，需要保护，就轻视他们，使他们被动发展。儿童是有能力的、积极主动的权利主体，应有主动发展自己潜能的机会，在出生、成长、发育的过程中，成为自主的行动者，能表达自己的主张和意见，充分行使自己的权利。

3. 儿童就是“人”“儿童”

持有这种观点的人认为，儿童首先就是一个“人”，其次他才是一个“儿童”。我们不可以过多地夸大“儿童”的作用，把儿童放到一个极高的高度，也不可忽视儿童的一些根本特性。

4. 儿童是“小大人”

持有这种观点的人认为，儿童是“缩小”的大人，儿童是小大人，儿童和大人没有什么区别，即使是有，那也只是身高和体重的差别而已。用成人的标准去要求儿童，儿童被期待像成人一样去行动，充当童工、童农、童商等，使之过快地生长发育。儿童的特点和意义被完全忽视。

5. 儿童是“白板”

“白板”是空白的板子或擦过的黑板。持有这种观点的人认为，儿童刚生下来的时候，其心灵就像一块白板，成人可以任意塑造成各种各样的东西；就像一张白纸，洁白无瑕，成人可以在上面画最新最美的图画；就像一个空容器，成人可以任意地填塞，把各种各样的知识经验灌输进去，而不考虑儿童的需求。儿童的发展仅仅是消极被动地接受外界刺激的结果，完全忽视了儿童的主观能动性。

6. 儿童是“有罪的”

持有这种观点的人认为，儿童一生下来，就充满罪恶感，是有罪的“羔羊”，卑贱无知，成人应该对他们严加管束，使儿童能不断地进行赎罪。儿童体内的各种毒素，是儿童犯罪的根源，容易导致儿童的错误行为，而严酷的纪律则会减轻，甚至消除儿童的这种行为，可以责骂、鞭打儿童，对儿童施行体罚是应该的。儿童承受了各种肉体的、精神的折磨，遭受成人的轻视，任何带有创新乃至尝试意识的行为都会受到指责，人格被严重摧残。

7. 儿童是“花草树木”

文艺复兴运动对人权的倡导使得人们从全新的角度来看待幼儿，在儿童观上有了一个很大的飞跃，开始把儿童看作一个有独立存在价值的实体，儿童有自己的权利、思想、情感、需要。儿童应该像个儿童，要倍加珍惜童年的生活，尊重儿童具有的纯洁美好、独立平等的自然本性。儿童和生长的发展是按照自然的法则运行的。

教育者的作用就像是“园丁”，活动室就好像是儿童逐步成熟的“花园”，每个儿童的成熟都有内部的时间表，在恰当的时间学习特别的任务，而不能强迫孩子去做其不愿意做的事情。

8. 儿童是“私有财产”

持有这种观点的人认为，儿童是父母婚姻的结晶，产生于母体，归父母所有，是父母的隶属品，父母可以左右儿童的命运，控制儿童的生活，决定儿童的事情，要求儿童学习许多其并不感兴趣的课程，把儿童培养成为他们理想中的人，压制儿童，让儿童唯命是从。

二、儿童身心发展特点

1. 幼儿情绪化程度高

整个学前期，情绪在儿童心理活动中的作用都比较大，幼儿情绪管理能力较弱。所以，在幼儿园中经常可以发现，幼儿容易被某一种情绪所感染而兴奋地参与到某一种活动中。所以，经常出现一些不合时宜的“起哄”情况。幼儿情绪表现出的最大特点就是情绪化程度比较高。这一特点常常使幼儿行为出现缺乏一定目的，仅仅是为了宣泄某种情绪的状况，因而幼儿容易出现受某时、某地特殊情境的刺激而引发的激动行为。幼儿经常会在做某事途中被其他事物吸引而放弃原来的行为。所以，在幼儿当中容易出现一名幼儿带头其他的幼儿跟着起哄的情况。因为此时幼儿的情绪已经被带头的这名幼儿提供的新鲜刺激激发。了解幼儿这一情绪特点可以帮助幼儿教师有效组织和开展教育教学活动。

案例导入

大班幼儿英语活动中，为了帮助幼儿记住所学水果的英文名称。教师将八个不同的水果摆在教室前方的地板上。教师请出三位小朋友，游戏规则是：教师说出一种水果的名字，幼儿按照教师的说明跑到相应的水果面前。游戏过程中，一部分幼儿热情高涨地观看并喊着“加油”，坐在后排中间的七位小朋友因无法看见前面的游戏场景，站起来跑上前去看。教师要求这几位小朋友回到座位上坐好。这几位小朋友没有按照教师的要求回到座位上，教师走到这几位小朋友面前将其一一推回到座位上。

案例分析

本案例中，幼儿教师没有考虑到幼儿的切身要求，幼儿的情绪、感官活动具有不规律性，幼儿教师要根据当前游戏活动的具体情况，作出相应的教学策略调整，以使所有的孩子能够融入当前的教学活动。

2. 幼儿具体形象性思维明显

学前儿童的思维具有比较明显的具体形象性特征。儿童对周围世界的认识往往需要借助一定的具体事物和亲身参与，这种特点在学前期最为典型和突出。幼儿教师对儿童这一思维特点的认识是开展有效教学的前提与基础。在具体事物的帮助下，幼儿能够更加有效地完成注意、记忆或者语言表述的活动。在幼儿的学习生活中，亲自接触具体形象的材料更容易引发幼儿的注意与记忆，并能够帮助幼儿用语言表达所看到的事物。因此，幼儿园的教育活动如果能够生动、形象，教具、学具丰富，则有利于活动的顺利开展，帮助幼儿获得有益经验，取得良好的活动效果。

案例导入

夏日的午后，教师组织中班幼儿的美术活动，活动内容是欣赏一幅瀑布的全景图。整幅图表现出了柔美的风格，主色调为浅绿色。教师带领幼儿理解图画的基本含义。教师告诉幼儿："看到这幅画之后，我感觉这幅画很美，还可以说，我感觉这幅画很柔和，我感觉这幅画很温馨。"教师请每位幼儿分别到前面说说自己看到这幅画的感觉。大多数幼儿说了"很美，很柔和"。其中一位叫小锟的幼儿说的是："看了这幅画，我感觉很凉快。"教师重复了一遍小锟的答案并问其他小朋友对这个答案的想法。这时很多幼儿开始笑起来并重复说起"好凉快"。教师马上问："小锟，能不能告诉大家，你为什么感觉凉快？"小锟说："因为有水。"教师认可小锟的答案并说道："我觉得小锟说得很好，看到了水，小锟就感觉很凉快。"幼儿慢慢都安静下来了。

案例分析

本案例中幼儿教师能够根据幼儿的创新性表达作出合理的判断，并因人而异地进行具体教学活动。

3. 幼儿记忆瞬间而短暂

幼儿的记忆以瞬时记忆与短时记忆为主。在幼儿的学习过程中，幼儿需要对记忆材料进行多次重复强化，并借助一定的具体材料来完成记忆活动。生活中，幼儿常常出现“健忘”的情况。教师对儿童这一心理特点的了解有助于教师更好地帮助幼儿搭建有意义的学习平台。

案例导入

大班幼儿数学活动中，教师在黑板上画出五行十列圆圈。

请幼儿回想学习过的最简便的数这种排列方式的圆圈的方法。

教师：这里有很多的圆圈，请小朋友们动脑筋想想，怎么数这些圆圈的个数？

幼儿们齐声数道：1—2—3—4……

教师：不对。想想我教过的最简单的数法。

幼儿甲：八个八个地数。

幼儿乙：一个一个地数。

幼儿开始纷纷表达着自己的想法。

教师：都忘记了？上周刚刚教过的。你们一个也不记得了？

某幼儿举手示意老师自己会数。

教师：勇勇，请你说！

勇勇：（站起来作出点数的动作）1—2—3—4……

教师：不对，坐下。都把嘴巴闭上，看我怎么数。

教师开始给幼儿示范五个一组的数法……

案例分析

本案例中幼儿教师过于死板，扼杀幼儿的自主创新型学习及思维方式，没有考虑到孩子的实际感受，一味地按照自己的教学安排进行教学，没有尊重孩子的主体性地位。

4. 幼儿个体差异大

儿童期的个体在身心发展阶段顺序上会体现出一定的共同规律，但同时，个体之间也会在身心发展水平的高低和快慢上表现出一定程度的差异。这种差异可能表现在气质类型上，也可能表现在某方面能力的高低上。儿童在学习活动中可能表现出因为能力发展水平的不同而出现学习效果的差异，教师能否理解和认识儿童这种特点，对教师的教育行为有很大的影响。

每个人都是不同的，教育应该正视个体的差异性问题。承认儿童的差异性，是因材施教的第一步。世界上没有两个相同的儿童，也就是说，世界上也不该有两个一模一样的教育过程。针对每个儿童不同的特点因材施教，让每个儿童得到适合他们自身的教育，使其潜力得到充分的挖掘和发挥，这才是我们教育要探讨的，是每一个教师要研究的。承认人的差异性不是划分高低，而是为了更有针对性地进行教育，这样才有可能促进儿童个体发展的最大化。

5. 幼儿身体与动作处于发展时期

幼儿期的个体最明显的特点就是未完成性，这种未完成性不仅表现在心理方面，也表现在身体方面。幼儿阶段的个体身体动作能力还处于不断发展与完善的时期，很多能力还尚待出现或刚刚出现。身体的协调能力的这种特征在这方面表现得尤为明显。大班幼儿已经能够初步完成具有一定难度的手脚配合、身体协调动作。

知识链接

儿童观的形态

1. 社会主导形态的儿童观：它是指一定社会中居统治和支配地位的人们所认定的儿童观。这种儿童观往往以法律、政令、规章等形式加以正式确认，它往往是一元的。

2. 学术理论形态的儿童观：它是指哲学、心理学、教育学、人类学等学术领域的研究人员所持有的儿童观，它往往是多元的。

3. 大众意识形态的儿童观：它是指广大国民对儿童的根本认识和态度。这是一种最具实际意义的儿童观，具体可以分为两种：（1）形式儿童观或理念儿童观：即能从理论上、观念上把握儿童观，并用儿童观分析和指导一些儿童生活和学习中出现的问题。（2）实质儿童观或功效儿童观：即不仅能从观念上或理念上掌握一定的儿童观，而且能加以坚决地贯彻。

三、幼儿教师对儿童自然天性的认识

把儿童看作儿童，就要按照儿童的天性自然地教育，这是卢梭儿童观的涵义。卢梭明确提出成人要做的不是按照成人的准则去教育儿童，而是要仔细辨别哪些是儿童真正的需要，当一个孩子想走的时候，我们就不应该硬要他待着不动，但是，如果他想待在那里，我们就不应当逼着他去走。只要不用我们的错误去损害孩子的意志，他就绝不会做没有用处的事情。只要他愿意，就让他跑跑跳跳、吵吵闹闹好了。成人不仅要尊重儿童的天性，而且要在教育时将儿童放于中心位置来考虑儿童的利益。卢梭批评许多成人考虑他自己的利益比考虑儿童的要多，指出有些教师把一套易于表现的本领教给他的学生，以便随时拿出来向别人炫耀展示，这些是不利于儿童心性健康发展的教育，儿童在接受成人教育时，只能处于绝对的中心位置，成人要将儿童的利益放在第一位。

1. 幼儿爱幻想

爱幻想是幼儿的自然天性之一，儿童对其生活的世界的认识过程是一个不断探索的过程。由于生活经验很少，儿童对身边事物的了解与认识最初就从自己的种种幻想开始。幼儿通过幻想在自己的头脑里勾画出了一个与现实生活世界不同的梦幻世界，并且儿童诗情画意地栖息在自己所构想的幻想世界中。这样的世界里不需要严密的逻辑和理性，儿童有着一套不同于成人的理解世界的方式。这样的天性是儿童日后步入成人社会生活的前提和基础。教师对儿童这一特点的了解与认识，可以帮助教师更好地理解教育活动中儿童的某些想法和行为。

案例导入

小班幼儿美术活动中，画画之前教师请幼儿分别到前面领取油画棒。第一组幼儿除一人外都领了油画棒，只有小罗一个人看着窗外发呆。教师走到小罗面前问："小罗，你怎么了？为什么不来领油画棒？"小罗似乎没有听见老师的声音。教师俯下身问："小罗，你怎么了？"小罗伤心地告诉老师说："老师，我们家里没有神仙！"教师用手摸摸小罗的头说："没关系。小罗，老师给你油画棒，你画一个自己喜欢的神仙好不好？"小罗点点头说："好。"从教师手里接过油画棒……

案例分析

幼儿教师要具有随机应变的能力，并通过幼儿瞬时的所想所做，作出合理的教学方式，要积极地对教学方式进行调整，合理地引导幼儿进行有效的学习活动及游戏活动。案例中小罗在幻想神仙的问题，老师没有制止这种想法，而是因势利导，让小罗画出心目中的神仙，满足了小罗的愿望，教学活动得以顺利进行。

2. 幼儿好奇心强

儿童天生对周围的世界充满了好奇心，纯真的童心经常被周围世界的小事物所吸引，教师应能够理解幼儿对小生命感兴趣这样的天性。但是这样的天性对幼儿来说有怎样的意义，教师在开展教育教学活动过程中应该如何理解和把握这样的意义则还没有引起教师更多的思考。

案例导入

小班幼儿数学活动“图形宝宝”开展过程中，教师正在展示各种各样的图形。这时，一只蝴蝶从教室后门飞进来。幼儿果果用不太大的声音说：“老师！有蝴蝶！”教师也看到了蝴蝶飞进教室，听见果果的话时教师说道：“闭嘴！不要讲话。”听见果果说的话，班上的幼儿都看见了蝴蝶，于是班里响起一片喊声：“老师，有蝴蝶。”与此同时，幼儿纷纷起身向着蝴蝶飞的方向追赶过去。教师对幼儿这样的行为表示不满，要求幼儿马上回到自己的座位上坐好。幼儿似乎没有听见教师的喊声，依然欢呼着追赶蝴蝶。教师有些生气了，拿起铃鼓重重地敲了几下说道：“谁不回来就请他不要回来了。”幼儿纷纷回到各自的座位上，但是眼睛还不时看着蝴蝶飞去的方向。教师接着继续组织教学活动，但显然幼儿的兴趣已经被蝴蝶带走了。

案例分析

本案例中幼儿教师强行进行勉强的教学活动，并未考虑到孩子的关注点及兴趣点，使得教学活动变得死板、僵硬。如果教师能随机应变，生成新的有关蝴蝶的教学活动，不失为一个明智的选择，因为蝴蝶本身就是对称图形，关键是幼儿感兴趣。

3. 幼儿爱表现

儿童具有爱表现的天性。心理学已有研究成果表明儿童期爱表现的天性如果能够得到适当的尊重和帮助，可以帮助幼儿建立良好的自信，锻炼幼儿流畅、清晰的表达能力。在幼儿园观察集体教学活动的过程中，经常可以看到幼儿爱表现的天性的现实表现。

案例导入

中班幼儿语言活动中，教师准备教幼儿们学习新儿歌。翻到将要学习的新儿歌的页码之后，教师说道：“今天，我们要学习一首新儿歌。一会儿学完之后，我想请小朋友们告诉我，你认识了哪位字宝宝？”这时，一位幼儿接着教师的话说："我都认识。"教师有些诧异地看了看这位幼儿，然后温和地说："哦！你都认识呀！那你来试试，读一读！"教师用手示意这位幼儿站起来，并鼓励她说："来！试试！"教师用手轻轻地摸摸这位幼儿的头。该幼儿站起来流畅地读完了这首还没有学的新儿歌。教师给予这位幼儿直接的肯定，并带领所有的小朋友鼓掌表扬她。

案例分析

本案例中教师教学方式灵活，按照以幼儿为本、教师引导这样的原则进行具体的教学，有效地肯定了幼儿爱表现、希望得到成人的关注和肯定的愿望。

4. 幼儿喜欢动

幼儿天性好动。在好奇心的驱使下，幼儿常常想亲自尝试很多事物。但同时由于幼儿社会经验少，对周围世界的了解都仅仅停留在感性认识的阶段，幼儿一般不能像成人一样具有良好的危险判断力和自我保护意识与能力。所以，可能在尝试一些事物的过程中制造了危险情况。教师对这样的情况的处理是否及时有效，关系到幼儿的安全与健康。

5. 幼儿天生具有游戏性、以游戏的方式生活

游戏是儿童的重要生活方式，游戏性表现得最为明显的就是儿童爱玩。儿童在游戏中生活于现实以外的一种现实中，在游戏中，儿童生活于梦想的世界。游戏是离不开梦想的，儿童在游戏中以梦想的方式在自己的心中构建着外部世界。在幼儿园的观察中，看到最多的儿童行为就是幼儿的游戏。幼儿的学习也要具有一定的游戏性才能吸引幼儿的兴趣。儿童天生具有游戏性，这样的游戏性随时随地伴随幼儿的生活学习。幼儿可能在任何时候进入自己的游戏状态，而忽略了教师的要求。

四、幼儿教师对儿童权利与地位的认识

1. 幼儿的主体地位

无论是在生活中还是在学习中，幼儿都具有主体地位这一点毋庸置疑。幼儿不是成人的财产也并非装载知识、技能的容器。幼儿是与成人一样具有鲜活生命的人类个体。幼儿有他自己的思维体系，成人应该尊重幼儿的主体地位。这种尊重的具体体现是在生活中或者学习中幼儿可以有自己的想法，可以把自己的想法体现在自己的生活和学习当中，成人应该允许和保护幼儿有其自己的想法。幼儿有权利选择自己的学习形式和表现方式。成人不应该成为幼儿发展的规划者和决定者，而应该成为幼儿发展的帮助者和材料提供者。尊重幼儿的先天自然天性，努力保护幼儿，在

此基础之上，发展幼儿。

我们的教育总是要求学生被动接受，而不是主动探寻自己想要的东西。很多我们给孩子的东西（知识和价值观）是经过我们价值判断和选择的，这种选择融入了成人的经验以及社会的需求，往往忽略了孩子的天性和兴趣，幼儿在学的过程、学的内容、学的方式上都是被动的，没有主动学习的能力。这与西方一些国家开放式、自由式、主体式教育有很大差距。一个问题总有两面，在注重了知识完整、系统的同时势必会以丧失幼儿的自我发现、自我探寻、自我创造作为代价，而我们更看重什么，我们最终要培养什么样的人，要让幼儿获得什么样的发展？这才是我们应该思考的。教育只有回到原点，找到最初的目标，才能继续前进。

2. 师幼平等

在师幼互动中，教师和幼儿的地位是平等的。尊重幼儿的权利，教师作为活动的组织者的主要任务是帮助幼儿提供丰富的学习材料，创设适合幼儿学习的平台。幼儿的主要任务是利用教师所提供的学习材料积累有益的经验，实现自身的发展。也就是说，在教育活动过程中不应该存在谁支配谁、谁受制于谁的情况。这样的平等也不是说教师要放任幼儿的所有行为，而是要求教师在尊重幼儿的基础上为幼儿的发展提供帮助。同时，教育过程中幼儿之间的平等地位表现为幼儿与幼儿之间的平等。也就是说，幼儿与幼儿之间是生来平等的权利主体，在教育过程中享受同样的待遇。幼儿之间不存在好与坏、贵与贱等的差别。教师更不可以在教育教学过程中人为地给幼儿划分三、六、九等。幼儿园观察过程中，研究者发现，教师在组织集体教学活动的过程中总是会制造一定的“不平等”情况。

知识链接

儿童权利公约

1. 确立儿童的基本权利，即生存的权利、发展的权利、受保护和参与的权利。
2. 确立“儿童至上”的原则。
3. 确立“一切为了儿童”的新道德观。
4. 重申儿童是天真的、脆弱和需要依靠的。
5. 儿童有自由发表言论的权利。
6. 强调每一位儿童的平等保护的权利。
7. 认为教育的目的是“最充分地发展儿童的个性、才智和身心能力”，培养儿童对人权和基本自由的尊重。

8. 主张“培养对儿童的父母，儿童自身的文化认同”，培养对多元文化的尊重精神和态度。

9. 国家是儿童权利的最高监护人。

第三节　理想的师幼互动观

一、完善职业道德，用“爱”树威

教育是人与人心灵的沟通，生命与生命的对话，思维与思维的碰撞。为此，幼儿教师要完善自己的职业道德修养和精神境界，“感人心者莫先乎情”，用真挚的爱和信任去教人育人，领悟幼儿的行为，为幼儿创造一个安全的心理空间，这样才能拨动幼儿的情弦，叩击幼儿的心扉。教师要经常以好的表现去让幼儿模仿，因为幼儿的年龄特点决定了他们喜欢模仿自己信任的“重要他人”，他们也会因模仿教师得到赞扬而获得满足感，而且这一社会化学习过程也有利于幼儿价值观与社会化进程的顺利发展，增强对教师的信任和认识，这种双赢的结果有助于在幼儿心目中树立合理的教师权威，这种用爱心建立的权威之树，通过教师不断地辛勤浇灌，是可以长青的。

案例导入

老师正带领孩子们玩“放爆竹”的游戏。游戏规则是当老师发出指令后，孩子们要从原地跳起，当然为了使得游戏更富有挑战性，老师还不断地提出要求，比如起跳的时候，要在空中转一圈。孩子们听完老师的解释，一个个跃跃欲试，等老师交代好规则，一个个蹲在地上准备开始了。可能是从蹲下到发出指令的时间有些长了，一个小男孩还没等老师的指令完全发出，就迫不及待地跳了起来，“砰!”所有孩子都笑起来。有几个孩子还配合着，嘴巴不断地发出“砰”的声音。老师看着男孩，说：“哎呀，这个爆竹是假冒伪劣产品啊，这种爆竹要不得的，人家还没准备好了，他就自己响了!”小男孩听了这样的话，有些不好意思起来，周围的孩子也发出了开心的笑声。老师再一次强调了规则：“一定要听清楚口令，现在考验你们耐心的时候到了!”

接下来，又出现了“意外”，指令发出后，又不知道为什么，有一个小朋友没站起来，自顾自地看着别人，老师看着这个小朋友说：“又出现一个假冒伪劣产品。不知道它什么时候会响，危险啊!”孩子们又一次发出了会意的笑声。

案例分析

对于一个教学经验丰富的教师而言，以上案例中的教师已经能够很好地理解幼儿的天性，知道幼儿的哪些行为并不需要有意义的干预，而仅仅是幼儿天性使然，仅需要提醒和关注，而不是限制和规范。她知道可以用一些含蓄、轻松的方式来对幼儿提出要求，始终维持师生间一种和谐、平等的交往关系，而不是树立彼此对立、相互隐瞒的关系，实际的教学过程中就需要这样的爱和平等。

二、加强师幼对话，用“公正”强威

在师幼互动中的对话教学是指将师幼、幼幼相互对话作为教学的表征与载体的一种教学活动。在师幼互动中，对话可以让师幼关系更加富有人性化。对话的师幼关系存在的前提是民主、平等，“教师和学生是作为‘人’相遇在一起并建立一种人格平等的关系，不是异化的‘工具’或‘手段’”。这种原则的存在不仅没有抛弃教师作为“平等中的首席”的地位，相反，它能使师幼关系得以重构，这种重构后的关系更具有生命力，更符合人性。教师与幼儿在对话中可以更好地向对方敞开内心世界。所以，作为教师，要通过对话了解幼儿。“了解儿童，了解他们的爱好和才能，了解他们的精神世界，了解他们的欢乐和忧愁，恐怕没有比这一点更重要的事了。”因此，公正对待每名幼儿，不偏不倚，不仅有利于增强权威功能，而且也使师幼伦理关系焕发出迷人光彩。

知识链接

天降下民，作之君，作之师。——（《孟子·梁惠王下》）

天地者，生之本也；先祖者，类之本也；君师者，治之本也。——（《荀子·礼论》）

三、提高专业素养，以“才”生威

教师权威虽然是由文化制度所赋予的，但同样受到冲击和挑战。在教育活动的互动中，很多教师对幼儿提出的问题无法回答，因此幼儿会出现失落感，如果不及时加以学习反思，势必会加剧权威负功能的恶化。另外，现在有些幼儿知识面相当丰富，即使自身的判断力不是很强，但隐约会觉得教师说的内容并不是唯一的或正确的，这样也会降低教师在幼儿心目中的神圣地位。所以，教师要不断地学习，以“才”生威，不断更新自己的知识结构和教育教学技能，要时刻保持对知识的好奇力和敏锐力，保持探索和追求真理的精神，拓宽自己的知识面。

本章小结

本章主要是关于师幼互动中的教师角色定位以及儿童观的问题的深入探讨，首先从教师角色方面分析，教师角色定位的正确与否直接影响幼儿教师的教育教学质量，然而教师角色的转变存在诸多的问题，在实际的教学场景中，幼儿教师的角色意识转变程度与角色承担能力不符，教师的角色意识不清晰。针对这样一种现状，我们提倡引导教师进行角色转变。首先，由单一的教学者转变为多层次的研究者。其次，由管理者知识传授者转变为合作者。再次，由于幼儿的身心发育还处于不完善的状态。所以，我们也要理解幼儿教师职业的特殊性，对幼儿教师的教学工作给予更多的支持和肯定。

关于儿童观的认识，不同的人有不同的见解，中外的幼儿教育家们对儿童观的解释也是各有千秋，中国传统的儿童观有孔子的“性近习远”的儿童观，荀子的“性恶论”的儿童观，墨子的“素丝论”的儿童观。现在儿童观更加注重儿童的自主性。总而言之，幼儿教师要理解幼儿的天真活泼的天性，要了解幼儿身心发育不完善的特征，正视幼儿的权利和地位，尊重幼儿的主体性，用爱关心幼儿。

基本要点示意图如下：

- 师幼互动之教师角色与儿童观
  - 教师角色
    - 教师角色定位影响师幼互动质量
    - 教师角色转变存在问题
    - 转变措施
  - 儿童观
    - 概念
    - 教师对幼儿身心发展特点的认识
    - 教师对幼儿自然天性的认识
    - 教师对幼儿权利和地位的认识
  - 理想师幼互动观
    - 用“爱”树威
    - 用“公正”强威
    - 以“才”生威

思考题：

1. 幼儿教师的角色定位存在哪些问题？如何有效地解决这些问题？
2. 什么是儿童观？中西方儿童观有何差异？
3. 怎样树立正确的儿童观？
4. 理想的师幼观是如何形成的？
5. 幼儿的身心发展具有哪些特点？

推荐阅读 1

《从魔鬼到天使：西方儿童观的演变》

作者介绍：宋嘉行，女，得克萨斯州大学奥斯汀分校课程与教育研究所博士，现就职于台湾“清华大学”生物医学工程研究所。

法国历史学家菲利普·埃里耶斯（Philippe Aries）1960年时写了一本书，在1962年被翻译成英文版，书名为 *Centuries of Childhood*。这本以儿童为主题来进行历史讨论的先驱著作，说明西方现代的教养观，在启蒙时代以后，历经一些因素而逐渐形成，其内容由于前无古人（但当然是后有来者），在美国出版后引起教育学界与心理学界的重视，其书在40多年后仍能被人引用、讨论，显见有一定的历史价值与学术地位。这本书提出一个“小大人论（little adults）”的观点，即西方人所熟知的所有对儿童及童年（childhood）的看法与想象，都是现代社会的产物，在中世纪及以前的欧洲，有关童年的概念根本是不存在的。

中古欧洲　儿童是缩小版的大人

换句话说，如果我们现在走在十几世纪的欧洲街道上，我们不会看到穿着童装、手里拿着可爱玩具的小朋友，被父母亲像宝贝一样疼爱着，无忧无虑地玩耍嬉戏；我们所看到的，将是穿着大人一样服装的小孩，在工作（穷苦家庭出身者）或识字念书（知识阶级家庭出身者）。“儿童”与成年人只在身形上及生理上有所差异，儿童只不过是“缩小版的大人”（miniature adults）。既然算作大人，就不能只顾自己玩耍享乐，要能为自己的生存负起一点责任，要能对实际的社会生活有所贡献。因此，稍大一点的孩子做些简单的劳力工作或帮忙带小孩，减轻父母的教养负担，就变成司空见惯的日常生活与价值观，而一个人的“童年时光”也就变得一点也没有什么特别之处。这种小孩与大人只有外形上差异的看法，叫做“预先成形论”（preformationism），这种想法其实并不仅存在于17世纪以前的欧洲，在开发程度比较缓慢的社会，或一个社会里比较贫苦的阶级中，也有类似的看法存在。环境上并不优越的生存条件，使所有可用人力必须发挥最大的效用，因此小孩只要长到一个能够开始付出的年纪（在埃里耶斯的书中提到的年龄是7岁），就应在体力智力能负荷的范围内，为自己张口吃饭的权利尽一点义务。孩子，是现代父母心中的宝贝，却是古时候打杂换取温饱的小小长工。

原罪观念　儿童需要被拯救

埃里耶斯认为，影响中世纪长达一千年左右教养观的主要因素是宗教教义。特别是受到16世纪清教徒的原罪观念影响，儿童除了被视为是小大人之外，更被视为是邪恶、顽固而需要救赎的。儿童像是需要修剪的树枝或可以被型塑、铸模的蜡，只要经过大人的导引就可以改邪归正，变成善良的基督的子民，因此家长与教会必须联合起来，引导儿童避开邪恶、走向光明，而在正式教育（formal schooling）逐渐兴盛之后，学校机构也加入这个拯救儿童灵魂的行列。这样的看法在20世纪70年代，被一些心理历史学派（psychohistorians）的学者过度延伸为后来被称为“黑暗童年传奇”（the black legend of childhood）的论点。De Mause（1974）在其著作*The History of Childhood*中主张，中世纪的父母不但不把自己的孩子当孩子看，各种精神上和肉体上的施虐更是家常便饭。Shorter（1976）则认为，所谓的好妈妈完全是现代社会的发明，在“黑暗世纪”里，妇女对待两岁以下孩子的态度完全是冷漠与残酷的。Stone（1977）则提到16世纪时学校机构对儿童的钳制与体罚——儿童必须穿着硬邦邦毫不舒适的衣服，以维持大人般的姿态，而且只要稍有不顺从，换来的便是老师的一顿毒打。对照现代父母对儿童无微不至的呵护，启蒙时代以前的儿童简直像活在人间炼狱里。生活条件低下所产生的巨大压力，易使父母将孩子视为累赘或出气筒，是我们可以理解之事，但将亲子关系描述成以施虐者和受虐者关系为占大多数之常态标准，如此一来还能维持一个人类社会的稳定与发展，就无论如何是令人难以信服之事了。后来20世纪80年代许多学者找到更多证据，例如Pollock（1983）分析16世纪以来英、美两国的416本日记，才改写了中世纪及清教徒父母残暴不仁的形象。Moran & Vinoskis（1986）认为这些家长尽管对待孩子严厉，这些残酷的管教手段却不至于成为主流生活方式，许多清教徒父母在管教孩子时，对孩子的爱与情感仍然会让他们尽量避免使用极端手段。

理性主义　引导儿童分辨善恶

16世纪，清教徒移民到美洲，便把父母有责任严厉管教儿童的观念带到这块新大陆上来。但是这种“tough love”的观念，已经慢慢脱离纯粹宗教上与道德上的意义，在理性主义逐渐抬头的17世纪，引导儿童分辨是非善恶的力量，不再只是根据教会颁布的各种神圣不可侵犯的教义谕令，而是人类自身的理性（以及父母本人的理性）。因此父母有能力，亦有责任培养子女的理性能力，虽然儿童仍然是需要拯救的对象，拯救的力量却已经逐渐从教会里的神父让渡给孩子的生父，这批清教徒也就变成了最早专为儿童撰写读物的一群人。

浪漫主义 孩子是高贵的野蛮人

法国哲学家卢梭（1762）在18世纪浪漫主义的影响下，便写下了影响欧美幼儿教育非常有力的一本书：《爱弥儿》（*Emile*）。在这本书里，儿童本质究竟为何的钟摆，大幅由中间摆荡到与“原罪性恶说”极度对立的一端；卢梭比洛克更进一步地加强了我们现今所认知的儿童地位与形象。儿童不但不是撒旦的化身，也非空空如也的一张白纸，只被动地等待成年人的塑造。卢梭说，儿童有与生俱来分辨善恶的道德感，有他们独特的感情及理解世界的方式——孩子，是“高贵的野蛮人”（noble savages）。他们依照内在设定好的计划、步调，各自依自己的方式成长，因此大人的教导只是人为干预自然的一种破坏，孩子应当避免成人的影响，自由自在地学习。大人不但不应该“引领”幼童，反而应该以幼童为师。

推荐阅读 2

《童年的王国》

《童年的王国》是奥地利的鲁道夫·斯坦纳所著，在鲁道夫·斯坦纳博士一百年前的演讲中，就一直强调如何整体地而不是分离地看待事物；一直在说，教育是一个整体，对儿童的教育需要建立在对人真正的了解之上；一直在说，教育者最重要的是要不断地进行自我教育；孩子不是学你说什么，甚至不是学你做什么，而是学你真正是怎么样的一个人。这些观念在今天仍对我们具有意义。作为一种“另类”教育的代表，本书旨在呈现华德福教育的创建人斯坦纳博士的儿童观，并不作人智学概念的探讨。其实不管何种教育方法，应该都有一个相同的目的：希望孩子、希望人类有个更好的未来。怎样成为一个完全意义上的人？如何树立儿童观，在各种育儿概念泛滥的今天，这本书或许能给你带来更多启发。

扩展训练

师幼互动的小游戏

（1）人枪虎：孩子分成人数相等的两队，面对面站好，每队选出一个队长，然后由队长统一队里的动作（两臂屈肘胸前交叉为人，双手在胸前做射击状为枪，两臂屈肘两手上举于头的两旁，五指张开为虎。人可以拿枪，枪可以击虎，虎可以吃人）。老师说1—2—3开始，两队立刻同时做出自己队的动作，胜队立即追负队，被抓住的孩子加入胜队，游戏重新开始，结束时以人多的队为胜。

（2）老鼠笼：班中三分之二的孩子拉手围成一个圆圈，做成老鼠笼，其余的孩子扮演老鼠，游戏开始，所有的孩子一起说："老鼠老鼠坏东西，半夜出来偷吃米，我们搭个老鼠笼，咔嚓一声抓住你。"扮演老鼠的孩子则围圈绕S形跑，当说到"抓住你"的时候，一起把手放下，在圈中的孩子即被抓住。

第三章　师幼互动中之倾听艺术

耳朵是通向心灵的路。

——伏尔泰

倾听，是教育的一种言说，是一种特殊的教育。有时，倾听本身就是处理教育事件的艺术和智慧。

——成尚荣

善于倾听孩子说话就是一门了不起的教育艺术。

——苏联教育家苏霍姆林斯基

学习目标

1. 本章导读：师幼互动是人际沟通的一种形式，人们在人际沟通互动中都存在一种心理需求，即需要受人关注与尊重。良好的师幼互动离不开耐心地倾听幼儿，了解幼儿心中的感受。因此，倾听是教育的前提，教育始于倾听。作为一名幼儿教师，通过倾听了解幼儿内心感受，使幼儿觉得自己受到老师的重视与尊重。我们的教育对象是3—6岁的幼儿，其身心发展的特殊性决定了幼儿教师的倾听具有特殊性。在幼儿园的教育活动中，教师不仅是理想的说话者、指导者更是倾听者。《3—6岁儿童学习与发展指南》(2012)中关于语言领域的发展目标明确提出培养幼儿倾听与表达的能力，在教育建议中写到：“成人耐心倾听别人（包括）幼儿的讲话。”作为幼儿教师应为幼儿做好示范，在培养幼儿表达能力时，也指出“尊重和接纳幼儿的说话方式，无论幼儿的表达程度如何，都应该给予积极的回应”。作为一名幼儿教师要学会倾听，因为我们自身日常态度言行对幼儿发展起着重要影响。倾听是一种能力，是可以通过学习得以提高的，掌握倾听技巧，也是《幼儿园教师专业标准》的要求。一名合格的幼儿教师要具备建立良好师幼关系的能力，师幼关系建立在师幼互动的基础上，倾听是师幼互动的基础，是心灵沟通的纽带，学会倾听能够帮助幼儿教师更好地与幼儿沟通、交流。

2. 教学重难点：重点：了解倾听的内涵、倾听的特点，把握倾听的原则。难点：了解常见的倾听过程中的误区的成因，进而在日常生活中避免这些问题，掌握有效倾听的技巧。
3. 教学课时：18 课时。

第一节　倾听的价值

一、倾听的内涵

《现代汉语词典》（第五版）中将倾听定义为：凭助听觉器官接受言语信息，进而通过思维活动达到认知、理解的全过程。国际倾听协会对倾听下的定义是：倾听是接受口头和非语言信息，确定其含义和对此做出反应的过程。

通俗的理解为：倾听不仅是用耳朵听，还需要听者身心投入理解说话者在交谈过程中想要表达的一切信息（言语信息和非言语信息）。比如医生倾听患者诉说病情，以了解病情对症下药；企业主管须倾听部属的报告，以拟定对策解决问题；导购人员倾听消费者的喜爱偏好，以便帮助顾客挑选合乎心意的商品。

拓展阅读

生活中的心理学倾听

研究显示，倾听是沟通中重要的项目。大学生在沟通中 53% 的时间用来听，对公司员工日常行为分析也显示，员工 60% 的时间用来倾听，具备良好的倾听能力的人在公司中的职位较高。婚姻咨询专家指出，在沟通时无法了解对方的观点是夫妻沟通中经常遇到的问题。在汉语中，听的繁体写法“聽”由耳、王、十、目、一、心组成，这表示听的时候主要用耳朵为主（耳、王），需要眼到、口到、专心致志用心记。我们在倾听上花的时间要比我们意识到的多得多，因此倾听在沟通中起着非常重要的作用。我们每天听新闻报道、欣赏电影话剧、与人交流沟通等，无一不是在倾听。倾听帮助我们获取各类信息，让我们具备良好的适应社会的能力。

二、师幼互动中的倾听

1. 内涵

倾听是指在幼儿园各种活动中，教师在尊重幼儿、理解幼儿的基础上，耐心、认真倾听幼儿的各种表达（言语表达和非言语表达），并对幼儿的表达做出及时且恰当反馈的过程。

倾听作为一种最基本、最普遍的日常生活现象，它有许多种类。在教育系统中，根据教育者与受教育者性质的不同，倾听可分为教师间的倾听，学生之间的倾听，师生间的倾听，幼儿之间的倾听和幼儿与教师之间的倾听。师幼互动中的倾听因其教育对象的特殊性，因此也有自己特殊的内涵。

在幼儿园的活动中，教师倾听的对象是3—6岁的幼儿，他们在词汇、语法及口语表达方面的发展是有限的，如把“老师”说成“老西”；他们这一时期的词汇量也是十分匮乏的，在理解和使用上，幼儿也常常出现错误，比如说，回答与问题风马牛不相及；因为幼儿的理解能力有限，尤其是在紧张或者激动的心理状态下，他们不能准确表达自己的真实感受甚至出现口吃现象；有些幼儿受周围成人的影响，在言语中一味迎合老师，有意地隐藏起自己真实的想法；同时很多天马行空，富有创造性的想法都是在听似平淡的言语之中。这些都要求教师在活动中认真而细致地倾听幼儿。

2. 特点

（1）教师与幼儿都是倾听者

倾听对于师幼双方而言，都是一种能动的行为。幼儿作为倾诉者，通过口头语言和非口头语言向教师发出了各种需求的信息，并渴望得到教师的理解和回应；教师在收到信息后，依托专业知识经过细致分析，再根据平时对幼儿的细节观察，对幼儿发出的“声音”加以理解，通过表情、姿态、言语等进行回应，并通过言行影响整个交流过程，充分发挥了教师的主体性。

（2）带着尊重和理解倾听

蒙台梭利曾说，幼儿与我们成人的心理生活完全不同，必须认真倾听他们的心声。教师倾听幼儿、发现幼儿的差异，并且从教学行为中承认幼儿与成人的不同；按照幼儿身心发展的阶段性规律实施教育，也是尊重幼儿的体现。教师倾听幼儿的过程也是理解幼儿的过程，教师在此过程中不断倾听幼儿对大千世界的好奇，对情感、情绪的朴素表达，让教师感受到幼儿生命的纯粹与美好，更加理解幼儿，在倾听过程中所感受到的快乐与感动成为双方和谐相处的内驱力。

（3）倾听双方地位是平等的

教师在幼儿的发展过程中充当引导者、支持者的角色，在倾听过程中，幼儿与教师的地位是平等的，只有在民主、平等的教育氛围中，教师才能认真用心倾听，师幼间才能形成良性互动，从而提升教育效果。

3. 师幼互动中倾听的价值

（1）有利于教师读懂幼儿

倾听幼儿，意味着教师对幼儿的尊重、理解与接纳，在这种尊重理念的指导下，教师一改往日的教学方式，教学姿态，由权威者转变为倾听者，倾听幼儿的思想，倾听幼儿的心灵，挖掘幼儿的潜能，从而使幼儿由被动的接受者转变为主动的探究者。倾听使幼儿体会到了教师的尊重，感受到了教师博大的胸怀，体验到了教师慈母般的关爱，朋友般的友谊，这种关爱、尊重为建立良好的师幼关系提供了有力的保证，这时，幼儿可能会：

· 告诉教师更多关于他们做了什么、感受到了什么。

· 更频繁地与教师打招呼，把他们的“工作”告诉你。

· 在戏剧表演游戏中，他们在倾听玩偶、毛绒动物以及玩伴时会模仿教师的面部表情和言语。

（2）有利于教师开展教育活动

幼儿的需要、兴趣就隐藏在他们日常生活的各个细微的语言和动作之中，只要教师认真观察，细心倾听，就会找到与幼儿需要相符的活动主题。教师通过有准备的倾听，能够及时了解幼儿的欲望与需求，发现幼儿的兴趣，洞察幼儿的心理状态，选择合适的活动主题，满足幼儿的需要。

切记：当教师真正倾听幼儿时，他们就加深了与幼儿的关系，开启了学习的大门。

（3）有利于幼儿独立人格的养成

艾里克森划分的八个阶段中，与3—6岁幼儿有关的是第二阶段“自主性对羞怯和疑虑”和第三阶段“主动性对内疚”。这两个阶段中，幼儿是在幼儿园里与幼儿教师、小朋友一起度过的。良好的倾听互动为幼儿形成积极的人格营造了氛围。在贯穿幼儿园一日生活各个环节的教师对幼儿的倾听活动中，教师真诚的态度使幼儿打开了心灵的大门，恰当的理解使幼儿感受到了尊重与宽容，积极地反馈使幼儿的自主和主动行为得以适当地激发，指导、控制和充分的支持，幼儿在充满尊重、充满关爱、充满理解的氛围中，无拘无束，畅所欲言，这些都有助于幼儿形成独立、自尊、勇于探索、乐观向上的人格。

案例导入

倾听引出主题课程

郊游的那天，孩子们坐在公园的草地上拿出自己食物准备吃午饭，子涵拿起一块面包对坐在对面的彤彤说：“看，这是我姥姥带我在超市买的。”小美说：“我昨天也去超市了，我妈妈知道要秋游了，特意带我去的，我们家那边只有一个真实惠超市。”坐在旁边的朵朵说：“我家门口没有超市，我妈妈只带我到太平商场买了牛奶和苹果。”琪琪说：“我去的是一家很大的超市，叫华联超市。”孩子们七嘴八舌：“我也去过，我也去过！那个超市很大，有很多东西。”于是，我也加入了孩子们的话题：“超市里的东西多吗？”子涵抢着说：“多，多，什么都有。”呜呜说：“那么多东西从哪儿来的？”子涵说：“买的呗。”孩子们对超市的话题谈了很长时间，有的一边啃面包，一边还津津有味地说着，看着孩子们兴奋的表情，我当时想：何不带他们再去一次超市呢？让他们充分感受购物的快乐，观察辛勤工作的人们以及琳琅满目的商品！吃过午饭，老师和孩子们一起收拾垃圾时，子涵又提出：“老师，我们把这个瓶子留着玩超市的游戏好不好？”他们的话更坚定了我开展“超市”这个主题的决心。①

案例分析

这是一篇幼儿教师关于教育活动反思的片断，可以看出：活动中教师一直在倾听幼儿的言语，希望从幼儿不经意的言语中发现他们的兴趣，寻找到有价值的活动主题，这显然是一个有教学智慧的教师，她专注地倾听幼儿的谈话，发现幼儿谈论的焦点始终围绕着“超市”，就及时地参与了谈话，试探着问幼儿：“超市里的东西多吗？”引发了孩子们进一步的思考：“那么多的东西是从哪里来的呢？”激起了幼儿开展“超市”主题活动的兴趣。正是教师仔细地倾听、及时地参与和恰当地引导才促成了一个满足幼儿兴趣的活动主题的诞生。

(4) 有助于教师的专业能力提升

倾听幼儿的过程即是教师研究幼儿的过程。为了全面地了解幼儿，教师会透过幼儿言语表面的意思挖掘幼儿隐藏在平淡话语背后的真实含义，同情幼儿的不幸，理解幼儿的“非常”表现。在研究幼儿的过程中，教师发现了幼儿与成人截然不同的兴趣、需要和独特的情感，为了与幼儿进行有效的沟通，教师就会站在幼儿的立场上，按照幼儿的兴趣去猎取知识，思考问题，这就是研究型教学的雏形，研究型教学是教师专业发展的重要途径之一。

倾听是教师反思自己的过程，幼儿是教师的一面镜子，倾听使教师从幼儿身上看到了昔日的自己，反思使得教师认识到自己在教学中的不足，有助于教师及时发现问题，寻找原因，采取恰当的方法来改变目前的教育现状，提高教育质量。倾听后的反思促进

① 鲁志鳗. 脚手架理论对学前儿童教学的启示［J］. 学前教育研究. 2004（10）.

了教师的专业发展，实现了教师的主体价值，提高了教师的专业知能素质，使教师的信念系统得以不断地完善和提升，这些正是教师专业发展的重要标志。

案例导入

倾听发现自身的不足

上午9:00，学前班，科学教学活动。

活动开始了，老师在为小朋友讲解太阳、月亮、地球的关系。

师："小朋友们，为什么晚上我们看月亮的时候，会发现月亮有时像圆盘，有时像弯刀呢？"

"被地球挡住了。"磊磊抢先回答。

"他说的对不对呢，今天，老师就为小朋友讲一讲为什么月亮有时是圆的，有时又是弯的。请小朋友把书翻到第九页。"

"地球围绕太阳转一圈需要多少时间？"

"一小时。"妞妞回答。

"不对，是一年，我们的宇宙太大了！地球在围绕太阳转的同时，地球自己也在转。当地球转动到月亮和太阳的中间时，地球就挡住了太阳光，由于挡住的情况不同，所以我们就会看到月亮有时像圆盘，有时像弯刀"，教师边讲解边在黑板上画图示范。

"为什么会有日食这种自然现象呢？这是因为月亮完全档住了太阳的光，所以白天就会出现日食。"教师开始讲解日食。

"有这么回事吗？月亮有那么大吗？"天天怀疑地说。

为了给幼儿说明白月亮的大小，教师又在黑板上画图，但是教师越说越糊涂。

"不行了，我今天回家后再上网查一查有关的资料，明天再给你们好好讲一讲。"

案例分析

不难看出由于教师事先准备不足，再加上教师对幼儿掌握地理知识的程度了解得不充分，导致了教师在讲解的过程中不能自圆其说，当幼儿对教师的讲解表示怀疑，提出了"有那么回事吗？月亮有那么大吗？"的问题时，教师就更不知如何回答幼儿了。但是，教师也从与幼儿的对话中听出了幼儿的兴趣，听出了欲望，听出了差异，这些都有助于教师课后的反思。让人感到欣慰的是当教师在课堂上发现自己在地理知识方面欠缺的时候，没有强词夺理地、强硬地执行教学计划，而是向幼儿表示“我今天回家后上网查一查有关的资料，明天再给你们好好讲一讲”。教师的坦诚，体现了处于教师专业化发展进程中的幼儿教师对幼儿的尊重，对幼教事业的热爱，对自己工作积极反思的精神。正是这种勤于反思的意识，才使教师在今后的教学工作中，不断研究幼儿，不断研究教学方法，积极拓宽自己的知识面，从而提高教学质量，促进幼儿身心健康发展。

（5）有利于取得家长的信任，提高家长的倾听能力

教师如果能够认真倾听幼儿，了解幼儿状况，并与家长进行沟通，就会赢得家长的认可和尊重。幼儿的家人可能会很佩服教师，因为教师似乎总是有时间去倾听他们的孩子；他们也会更有目的性地倾听孩子——他们自己的孩子和别人的孩子，因为他们看到教师在这么做，还会和教师谈论倾听幼儿的重要性。

知识链接

如何学会更有效的倾听

有效的倾听是可以通过学习而获得的技巧，认识自己的倾听行为将有助于你成为一名高效率的倾听者。美国著名心理学家托马斯研究发现，按照影响倾听效率的行为特征，倾听可以分为三种层次，一个人从层次一成为层次三倾听者的过程，就是其沟通能力、交流效率不断提高的过程。

“倾听”的三个层次

层次一：听者完全没有注意说话人所说的话，假装在听其实却在考虑其他毫无关联的事情，或内心想着辩驳，他更感兴趣的不是听，而是说。这种层次上的倾听，导致的是关系的破裂、冲突的出现和拙劣决策的制定。

层次二：人际沟通实现的关键是对字词意义的理解。在第二层次上，听者主要倾听所说的字词和内容，但很多时候，还是错过了讲话者通过语调、身体姿势、手势、脸部表情和眼神所表达的意思。这将导致误解、错误的举动、时间的浪费和对消极情感的忽略。另外，因为听者是通过点头同意来表示正在倾听，而不用询问澄清问题，所以说话人可能误以为所说的话被完全听懂理解了。

层次三：处于这一层次的人表现出一个优秀倾听者的特征。这种倾听者在说话者的信息中寻找感兴趣的部分，他们认为这是获取新的有用信息的契机。高效率的倾听者清楚自己的个人喜好和态度，能够更好地避免对说话者做出武断的评价或是受过激言语的影响。好的倾听者不急于做出判断，而是感同身受对方的情感。他们能够设身处地看待事物，更多的是询问而非辩解。

学会高层次的倾听

据统计，约有80%的人只能做到层次一和层次二的倾听，在层次三上的倾听只有20%的人能做到。如何实现高层次的倾听呢？以下是学习高层次倾听的一些方法：

专心：通过非语言行为，如眼睛接触、某个放松的姿势、某种友好的脸部表情和宜人的语调，你将建立一种积极的氛围，如果你表现的留意、专心和放松，对方会感到重视和更安全。

对对方的需要表示出兴趣：你带着理解和相互尊重进行倾听，才能表现出对对方的需要的兴趣来。

以关心的态度倾听：像是一块共鸣板，让说话者能够试探你的意见和情感，同时觉得你是以一种非裁决的、非评判的姿态出现的。不要马上就问许多问题。不停的提问给人的印象往往是听者在受“炙烤”，表现得像一面镜子。反馈你认为对方当时正在考虑的内容。总结说话者的内容以确认你完全理解了他所说的话。

避免先入为主：这发生在你以个人态度投入时，往往导致愤怒和受伤的情感，或者使你过早地下结论，显得武断。

使用口语：使用简单的语句，如“呃”“噢”“我明白”“是的”或者“有意思”等，来认同对方的陈述。通过说“说来听听”“我们讨论讨论”“我想听听你的想法”或者“我对你所说的很感兴趣”等，来鼓励说话者谈论更多内容。

遵循这些原则将帮助你成为一名成功的倾听者，养成每天运用这些原则的习惯，将它内化为你的倾听能力，你会对由此带来的结果感到惊讶的。

第二节　倾听的误区

幼儿、家长对教师倾听的理想期待与教师的现实表现之间存在着很大差距。多数教师尚未成为一个真正的倾听者，主要表现为：缺乏真诚的态度，导致虚假倾听；缺乏耐心，导致错听；有选择地反馈，导致选择性倾听，即偏听。

一、假听

表面专注（虚假倾听）缺乏真诚的态度，导致了幼儿教师的虚假倾听。所谓虚假是指虚假的姿态，即教师虽然摆出了一副倾听的姿态，但缺乏真诚的态度，尽管打开了一只耳朵接纳幼儿的声音，但却让它从另一只耳朵悄然流出，未能使教师的言行和态度发生任何与倾听有关的改变，这表明教师在做出倾听的姿态之前，由于缺乏诚意，教师已经在无意识中关闭了自己的一只耳朵，并将这只耳朵转向自身，与其说她在倾听他人，不如说她在倾听自我。

案例导入

假听等于没有听

上午10:20，学前班过渡活动。

离吃午饭的时间还有二十分钟，老师在组织幼儿背诵儿歌《小雪花》。教师对孩子们说："昨天，我们学了儿歌《小雪花》，今天，我们一起来复习几遍，预备，开始，小雪花，我爱这洁白无暇的世界，我爱这轻盈飘落的小雪花……"儿歌背完了，童声戛然而止。教师慢慢地扭过身子，面无表情地看着孩子们说："没有感情，现在大家再带有感情地背一遍。预备，开始，小雪花……"伴随着响亮的童声，老师又把自己的后背给了孩子们。

案例分析

暗中观察老师的表现，发现在孩子们背诵儿歌的过程中，教师始终背对着幼儿，低头忙着整理要上交的教案，没有回头看孩子们一眼。尽管有几个孩子从始至终嘴没有张动一下，他们要么低头玩弄手里的文具，要么东张西望。但是，教师根本没有注意到这种情况，甚至有的孩子明显背错了，教师也没有听到。从表面上看，教师是在倾听幼儿，实际上，教师在做着别的事情，处于一种心不在焉的状态。尽管，幼儿的声音不断地传入教师的耳朵，但是她没有做出任何有价值的指导，就出现了在朗朗的读书声的掩盖下孩子们你读你的，我玩我的，读错了，教师也不纠正的情景。

二、错听

错听是指教师对于幼儿声音的内涵和潜在意义未能准确把握，没有真正理解的倾听。在这种倾听中，教师要么将“不是”听成了“所是”，要么未能听出这些声音中的象征意义，有的教师甚至在未能领会孩子所指的情况下就急忙打断他们的话语，凭自己的感觉加以指导。

案例导入

错听导致误解孩子

下午2:30，大班绘画教学活动。

活动是这样进行的：老师先让孩子们以“送给亲人的一幅画”为主题自由画画，然后，让孩子们按照顺序为大家讲解自己的作品。

“明明，你画的是什么呀?”

“这是小船，这是树，这是我，这是妈妈。”明明指着自己的画为大家讲解。

“啊，明明星期天和妈妈到公园划船了。”

明明看了看老师，机械地点了点头。

童童举着画走了过来，老师搂着童童说：

“你画的是什么?”

“我画的是动物园，这是小猴，这是大象，这是小朋友，这是爸爸、妈妈，这是……

童童在津津有味地为小朋友讲解自己的得意之作。

“好啊，童童画的是爸爸、妈妈带童童到动物园去玩，玩得很高兴，对吗?”

童童还想说，教师打断了他的话。孩子点了点头，接着又摇了摇头。童童走了，老师继续叫小朋友到前边讲解。

案例分析

案例中的教师由于缺乏深入的理解，她只听到了孩子声音表面的意思，对于幼儿声音背后的含义，则根本没有理解。为了抓紧时间，为了给更多的孩子提供讲解自己作品的机会，教师在还没有完全理解童童语义的情况下，就凭着自己的感觉和经验，不等童童说完，急于打断他的话语，替童童说出还没有来得及说出的话，而这些话并不是童童的本意。教师认为既然童童的作品中有小猴子，有爸爸、妈妈，有幼儿，那么肯定就是爸爸、妈妈带孩子去动物园游玩了。其实教师的这些推断与童童的本意大相径庭。活动结束后，我把童童拉到一边，问他：“你和爸爸、妈妈星期天去动物园了吗?”“没有”“那么，你为什么要画星期天和爸爸、妈妈去动物园呢?”童童看了看我说:“老师,我画的不是和爸爸、妈妈去动物园,我是想让爸爸、妈妈告诉小朋友不要乱喂小猴子食品,这样不卫生,会把小猴子喂死的。”幼儿的本意是要让小朋友知道在公园里不能给小猴子乱喂食品,结果我们的教师却因为时间关系,自己望图生义,根本没有倾听幼儿的“声音”。

三、偏听

反馈是教师在倾听幼儿时的最后一个环节,也是最重要的一个环节。反馈不仅使教师在发现幼儿问题的时候能及时地指导幼儿的行为,使幼儿的错误观点和行为在第一时间里得到纠正,优点得以继续发扬,而且恰当地反馈会使教师的教育产生事半功倍的作用。倾听是教师与幼儿互动的活动,在这种活动中,师幼亲临现场,教师通过身体力行给幼儿树立模仿的榜样,这种教育比脱离实际的、抽象的、单纯的说教更有效。反馈不仅使幼儿知道自己有何优点,如何发扬,而且在使幼儿明白自己错了的同时,知道错在哪里,为什么错。但在教育活动中,由于受教师的教育观、儿童观的影响,教师在倾听幼儿的过程中,经常会选择那些与教师心中答案相符的言语,经过理解、加工后进行反馈,这种反馈造成了教师选择性倾听。

案例导入

偏听带来教师的高控

上午8:30,大班教学活动。

“新的学期又开始了,小朋友又长大了一岁,你们想了解哪些新知识呢?说一说你们都喜欢什么呀?”教师开启了话题。孩子们兴趣很浓,争先恐后地发言。

“我想开坦克,戴上驾驶员的帽子,还想知道虫子是怎么生长的。”天天兴趣浓厚地说。

“我妈妈老的时候,还会很年轻吗?”宝宝也不甘示弱地问道。

老师微笑地点点头。豆豆举手了,老师示意她站起来。

豆豆:“我想长大开汽车,还想干活、煮菜。”

巧巧:“学好英语,长大能当班长,还想学写字。”

“我想做充气就能行走，还能洗澡的小车。”刚刚富有想象力地说。

……

教师望了望窗外，说：“小朋友，你们看外边的花漂亮吗？”

“漂亮！”孩子们异口同声地说。

受到启发后，文文站了起来：

“我想画各种漂亮的花。”

刚刚马上接到：“我还想知道为什么花有那么多种颜色。”

几个幼儿也跟着说：“我也想知道……”

老师见状，赶紧让孩子们举手表决：

“都有谁想了解有关花的颜色的知识？”

孩子们纷纷举起了小手，教师一统计，说：“好，我们班有27个小朋友想了解这方面的知识，从今天起我们就一起来研究颜色在我们的生活中有什么作用？这个问题，让我们大家在活动中来学习、增长知识，共同进步！”

案例分析

表面上，教师在教育活动中认真地倾听全体幼儿，实际上，教师总是在有意识地选择与教师心中的标准答案相近的声音进行认真地理解与反馈，其目的是为了严格地执行预定的教学计划。而对于那些与标准答案无关或背道而驰的声音，教师要么只听不反馈，装作没听见，要么费尽口舌加以引导。引导的内容虽然与教师的答案一致，但与幼儿言语的内容则风马牛不相干，既不是幼儿的需要，也不符合幼儿的兴趣。

案例中是新学期开学后的第一次教学活动，这次活动的目的是生成本学期的活动主题“奇妙的颜色”。老师为孩子们提供了表达自己愿望的机会后，孩子们思维活跃、畅想连篇。但教师对幼儿的畅想似乎并不感兴趣，关注点只在教学计划上，对于孩子们发自内心但与教学答案不符的言语，教师仅仅是听到了而已，并没有做出任何反馈，教师一直在期待着下一个幼儿能说出令教师为之一悦的话语，然后抓住时机进行反馈。但令教师失望的是在二十多个孩子的言语中，竟然没有一个孩子想了解有关颜色的知识。眼看着被提问的孩子越来越多，而没有回答的孩子则屈指可数，教师不得已开始引导：“小朋友，你们看外边的花漂亮吗？”在教师的提醒下，反应快的孩子即刻说出了“我想画各种漂亮的花”，“我想知道花为什么会有那么多种颜色”，教师期待的声音终于出现了，她抓住时机马上反馈“都谁想了解有关花的颜色的知识？”终于把孩子们引到了“奇妙的颜色”的轨道上来。

在这次教学活动中，全班三十个孩子，几乎每个孩子都表达了自己在新学期的意愿，但是教师只对两位小朋友的言语进行了反馈，这并不意味着教师不想真诚地倾听全体幼儿，或者教师没有理解孩子们言语的内容，而是教师在有意识地选择符合自己要求的声音进行反馈，这种有选择地反馈导致了教师选择性地倾听。

这种倾听虽然可以节省教学时间，使教学计划按部就班地进行，也可以使得到反馈的幼儿感受到教师的尊重，但是对于那些只发了言却没有得到老师应有的反馈的幼儿来讲，他们的自尊受到了伤害。久而久之，孩子们就会产生“顺着老师说就会得到老师回答，得到老师的喜欢”的想法。在这种错误思想的指导下，幼儿们有意识地克制自己奇异的想法，挖空心思琢磨教师想要的话语，这样我们的教育只能塑造出一个个标准的幼儿，培养创新型人才则成了幼儿园为家长、为社会开出的“空头支票”。有时，教师为了追赶教学进度，对幼儿在言语中表达的错误的人生观、价值观，要么简单地打断，要么置之不理，在这样的反馈中，幼儿即使知道自己错了，也不知道错在哪里、为什么错，这种做法将影响幼儿身心的健康发展。

第三节　倾听的技巧

一、日常倾听的技巧

既然“听”字的本义涉及耳朵、嘴巴、眼睛、心等多种感官的参与，那么，用中医上的“望”“闻”“问”“切”可以形象地解释。

（一）望

“望”即眼睛看，在倾听中，它不仅指的是要观察对方的兴趣所在，情绪如何，也包含通过目光，向说话的人传递你的关注，你有兴趣听他说话，你正在认真了解他谈话的内容。

在倾听中，“望”可以观察对方的真实意图，缩短与沟通者间的情感距离。孔子曰：“未见颜色而言之，为之瞽。”意思是一个人如果不能很好地察言观色而与别人随便说话沟通，就会像盲人一样没有方向。可见，观察他人在沟通互动中多重要。

（二）闻

“闻”即用耳朵听对方说话。中国古语有“锣鼓听声，说话听音”一说，讲的就是不仅要听对方说话的内容，更要听别人说话的语音、语调来判断其真实意图。所以，要想真正有效倾听并非易事，要有足够的耐心。善于倾听的人通常不会打断他人，而是调整自己的状态和情绪，集中注意力积极倾听对方。不仅是耐心听，还要心甘情愿地听，怀有同理心地听。在听的过程中还要不时给给予“哦”“嗯”“啊”等这样的回应，以向对方传递自己在认真倾听。

（三）问

“问”即通过提出疑问向讲述者来了解情况以增进良好的互动。听的过程中适时地择机提出问题，而不是随口就问，不是质问、诘问、反问等。提问不当不仅得不到想要的结果，反而会使沟通终止。比如下面的例子：

幼儿：我真想打东东！

老师：为什么？怎么了？

幼儿：他把我画的画扔到垃圾箱里了！

老师：你是不是先惹他了？

幼儿：没有！

老师：真没有？

幼儿：没有，就是没有！

老师：那好，东东是你的好朋友，别跟他计较这件事，再说你也有毛病，有时候还打人。

幼儿：我没有，不和你说了。

以上对话中，教师对幼儿进行质问和反问，明显是对幼儿的不信任，不仅没有得到事情的真相，反而使孩子中断了对话。

（四）切

中医上的“切”指的是把脉，通过望、闻、问进行综合判断，给出一个诊断。沟通中的“切”指的就是通过观察、倾听、提问，最后对对方的状态做出综合判断，进而为接下了回应做出合适的行为。“切”的准确与否取决于望闻问的质量。

二、倾听中需要注意的地方

（一）听完整的话，积极回应，不随意打断

倾听是一种双向的交流，教师在倾听的过程中，只是机械地听，而没有任何回应、

引导和反馈，倾听就变成了单向的信息传输，失去了其自身的意义。当教师积极反馈幼儿的言语和非言语的信息，真诚地体验幼儿的认知和情感历程并对此作出反应时，双方才能走向情感的共鸣。听的过程中尽量将自己的语言减到最少，因为说话和倾听是不能同时进行的，同时用眼神手势动作或言语进行鼓励，控制自己的情绪，抑制要争论的念头，有时作适当记录。在语言方面，教师可以用一些倾听用语，将幼儿的表达引入深处。比如“嗯”“说得真精彩”“这个视角很独特”“说得太好了”表示赞同幼儿的发言，用“继续讲下去”“真的吗”等，呼应幼儿的发言从而鼓励其继续解释和澄清其观点，这种语言呼应贯穿幼儿发言的始终，但是同时也要注意语言呼应要适度，不能太过、太多。在倾听的过程中，教师必要的时候也可以用动作和表情给予呼应，如在幼儿发言的时候，真诚地注视对方，表明你正在集中注意力，并尊重对方；如到赞成之处就点头；听到有趣之处就微笑；听到困惑之处作思考状等。这些都会给幼儿一种信号，教师正在认真地倾听自己，鼓励自己大胆表达。

幼儿作为一个完整的人，不仅去倾听他们的言语，更要倾听他们的心灵。教师在运用倾听艺术时必须遵循完整性原则，这就需要教师在倾听他们的时候要耐心专注，帮助幼儿扬长补短。活动过程中的发言是一种积极的参与，无论说的正确与否，都是幼儿竭尽全力想要参与到师幼互动的表现，教师应耐心地倾听他们的观点，不随意地打断他们，甚至批评他们，很多时候幼儿独特的思想可能就隐藏在看似错误的现象之下，教师只有耐心听完才会发现。

建议：

（1）给幼儿一点时间去整理思路，不宜在幼儿沉默的时刻去插嘴。

（2）让幼儿知道你听到了他说的话。比如，点头、抬起眼眉、点头瞪大眼睛；说“嗯”“哦”或者“我理解”“我不明白你说的”（如果你真的不明白）；不宜打断或结束幼儿的话。

（二）带着敬畏之心聆听，不能心不在焉

生命具有自主性，作为幼儿教师，在倾听的过程中要坚持尊重性原则。教师要尊重幼儿的自主性，允许幼儿在课堂上充分地发表自己的观点，拥有充分的言说能力，任何压抑幼儿自主和自由的行为，必然会违背生命的特性，摧残幼儿的生命活力。因此，在幼儿园的各种活动中创造幼儿倾诉的氛围和场景，教师表现出倾听的兴趣，让幼儿相信你想听并且会认真聆听。听的时候面向幼儿的脸或眼睛，注意力集中在他的身上，不要做出分心的举动或手势。不能心不在焉，试着从他的角度看问题，适当提出问题但不宜过多打断他。

听的过程中将注意力集中于幼儿说话的要点上，尽可能避免主观臆断和猜测，在幼儿没有说完之前不要立即下判断，尤其注意不要带偏见，因为偏见是倾听和沟通的大忌。

建议：

坐下或蹲下以幼儿的高度与之互动，看着幼儿的眼睛。不宜一边听，一边忙着做其

他事，或者在幼儿说话时转过脸去。

（三）善于听不同的声音，无条件接纳

教师在倾听幼儿时，要坚持差异性原则。世间没有两片完全相同的树叶也没有两个绝对完全相同的人，每一个生命个体都是不一样的，幼儿身心发展具有差异性。教师在进行倾听的时候，坚持差异性原则，尊重每一个幼儿的差异，倾听他们的差异，接受他们的差异。幼儿的创造性思考往往存在于这些差异之中，对教师而言，倾听幼儿即是倾听他人的声音，要尊重幼儿他者声音的特殊性和差异性，绝不能要求幼儿的声音与自己保持一致，幼儿作为一个个鲜活的个体，他们有自己不同的思考问题的方式。陶行知先生曾经说过："你的教鞭下有瓦特，你的冷眼中有牛顿，你的讥笑中有爱迪生。"教师在倾听的过程中，总会偏爱那些爱表现的幼儿，而对那些不太爱说话的幼儿关注甚少。这些幼儿之所以不喜欢过多地言说，是因为怕自己说错，从而受到同学们和老师的嘲笑。因此教师要倾听每一个幼儿，对于那些不爱说话的幼儿教师更应该热情鼓励他们提出疑问，给他们创造展示和表达的机会。

建议：承认幼儿的感受。比如，"你看起来好像很生气""你的声音听起来好像很生气"；不易转移幼儿的情绪，说"那（人/事）让你变得很生气。"

（四）在倾听某个幼儿时让其他幼儿学会等待

这样他们就不会去打扰他人；不宜被另一个幼儿分心或把注意力转向另一个幼儿。用以下方式鼓励等待：

· 你对幼儿的耐心等待表示感谢："谢谢你的等待，这样我就能像倾听乐乐一样，再倾听你。"

· 建议他们互相帮助："涵涵，现在我没空给你系鞋带，但鸣鸣知道怎样系鞋带。或许你可以请他帮你一下。"

知识链接

做好倾听要有三心

1. 耐心倾听，尽量不打断幼儿的发言

幼儿园经常有这种情况，当幼儿的观点与教师的或课本的答案不一致时，很多教师表现得很不耐烦，往往打断幼儿的发言，剥夺幼儿继续发言的机会。这样做不但让这个幼儿感到不受尊重，以后有可能不愿意发言，而且有可能扼杀一个精彩的观念。相反，如果教师能够耐心倾听幼儿，给幼儿表达不同观点的自由和机会，课堂气氛就比较活跃。教师倾听是为了理解幼儿，培养幼儿的自主性和独立性，不是为了评价和获得标准答案。教学的过程，不是教师执行教案的过程，而是不断发展生成的过程，教师要耐心等待倾听，给幼儿的思维飞跃创造广阔的空间。幼儿开始发言之前，不妨给幼儿一点思考和整理思路的时间，这样幼儿可更加自信地表达自己；幼儿想要说而说不出的时候，给幼儿一个缓冲的时间，静静地等待一会儿，可以让幼儿有较长时间的思考；幼儿准备比较复杂的言说时，需要时间组织语言，才能更加清晰地表达自己的观点。

2. 专心倾听，注意与幼儿的眼神交流

现实情况中，幼儿在发言时许多教师不是注视着幼儿，而是不停地翻课本或教案，似乎并不在意幼儿讲什么，心不在焉的样子，这就挫伤了幼儿发言的积极性。专心倾听是对幼儿的尊重和鼓励，也是师幼互动顺利进行的必要条件。

3. 用心倾听，主动参与幼儿的发言

教师应在参与中倾听，不是被动地听，而是主动地听。这种主动性在倾听与精神生命的发展之间建立起实质性的联系，意味着作为倾听者的教师不只是旁观者，而且是行动、创造者，通过倾听去参与幼儿的成长，参与创造幼儿的声音。不过，参与的目的不是主宰幼儿的声音，也不是从外部施行的控制和干预，更不是对幼儿发展的替代，而是一种引导和促动，因此这种参与具有了创造性。①

知识链接

倾听的小贴士

1. 专注行为

（1）轻松自然的身体姿势，维持良好的视线接触，表示愿意倾听并鼓励对方谈话。但不宜瞪眼直视，让对方感到有些敌意或受到惊吓。

（2）双方保持适当的距离，太亲近可能令人产生压迫感，太远令人感到不被接纳或不愿交谈，判断适当的距离要视双方的关系而定。

（3）上身稍微前倾，以表示对对方的专注和有兴趣继续倾听。

（4）非语言信息，传达接纳的态度；例如：交叠双手或双脚的姿势，容易给人一种拒绝参与的感觉；相反，一个友善、微笑而放松的表情，通常表示接纳和有兴趣倾听对方。

（5）用适当简短的反应表达尊重、了解的态度。如点头表示“嗯，我明白”“请多讲一点”的意思。

① 张光陆. 教师倾听的意义与策略［J］. 江苏教育研究，2009（7）：56-59.

2. 简述语意

用简明扼要的语言，把对方的主要观点和对它们的理解复述出来，这样可以令双方进一步了解，从而加深彼此的信任。

3. 善于提问

提问的目的是为了帮助幼儿教师从更全面的角度去了解幼儿，要善于多问开放式的问题，给幼儿一个自我了解的机会。开放式问题是指提出的问题没有简单的答案，回答时没有固定的模式和规则，可以沿着这个问题所提供的话题，充分地提供细节和信息。与开放式问题相对应的是封闭式问题，指对所提出的问题只有一个答案，不能表达更多的细节和信息。

知识链接

封闭式问题		开放式问题
你喜欢看动画片吗?	喜欢	你喜欢婷婷老师哪一点?
你今年几岁了?	4 岁	那件事为什么会发生?
你喜欢和谁一块儿做游戏?	子涵	你觉得小白兔为什么不给大灰狼开门?
你愿不愿意和小米玩儿?	愿意	你认为灰姑娘为什么要在午夜之前赶回家?

本章小结

良好的倾听技能在师幼互动中是不可或缺的要素，倾听不仅仅是用耳朵听，还需要用心揣摩幼儿传达的信息，并且做出恰当的反应。师幼互动中的倾听有其独特的内涵，在过程中营造和谐、民主的教育氛围，充分尊重和理解幼儿，这样才能做到真正的倾听，促进良好的师幼互动。在实际教学过程中，注意避免虚假倾听，错误理解，和仅仅听那些自己想听的内容，对幼儿采用部分反馈的做法。正确的倾听应该是坚持完整性、尊重性和差异性原则，积极创设幼儿倾诉的氛围和场景，在倾听过程中避免主观猜测，巧妙反馈必要时对幼儿进行回应、引导和反馈。

本章要点示意图如下：

- 师幼互动之教师倾听艺术
  - 倾听的价值
    - 倾听的内涵
    - 师幼互动中的倾听
      - 特点
        - 充分发挥师幼主体性
        - 尊重与理解是前提
        - 平等和谐的教育氛围是关键
      - 价值
        - 有利于创建真正和谐的师幼关系
        - 教师顺利开展教育活动的重要途径
        - 有助于教师的专业发展
  - 倾听的误区
    - 假听
    - 错听
    - 偏听
  - 倾听的技巧
    - 原则
      - 完整性原则
      - 尊重性原则
      - 差异性原则
    - 操作技巧
      - 创设情境
      - 善抓要点
      - 巧妙反馈

思考题：

1. 什么是师幼互动的倾听？它具有什么特点？
2. 请分组讨论：教师的假听、错听、偏听对幼儿可能带来什么后果？
3. 结合实际总结一下认真倾听需要具备哪条基本条件？

推荐阅读

人本主义的倾听——无条件的积极接纳与关怀

卡尔·罗杰斯（Carl Ranson Roger　1902—1987）是人本主义心理学的理论家和发起者、心理治疗家，被誉为“人本主义心理学之父”。他提倡在心理咨询中采用释义来帮助来访者，这称为“个人中心”或“来访者为中心”的咨询理念。罗杰斯相信每个人都具有潜能，可以帮助自己找到解决问题的方法，不需要别人的指导，他认为最好的助人方式就是提供一种积极、包容的态度，在这种气氛下鼓励来访者自己去寻求帮助自己的方法。

这种咨询方法最基本的要素是“无条件的积极接纳与关怀”，即对来访者来的观点给予尊重和关怀，接纳对方好或不好的方面。需要注意的是，这并不是主张要同意来访者的所有观点，而是要求不评价来访者的想法和行为。

下面是一段罗杰斯的经典个案片段摘录。

1983年，吉尔参加了罗杰斯的培训班。她难以跟自己上大学的女儿分开，并因此焦虑起来。她的自我形象是消极的。在谈话中，罗杰斯不仅仅重复她的那些消极话语，而且采用夸大的方式复述那些话，一直到最后吉尔开始用积极的自我表述替代了消极的认识。

罗杰斯：“我想我准备好了。你准备好了吗？”

吉尔：“好了。”

罗杰斯：“我不知道你想谈些什么。咱们有半个小时，我希望我们在半小时里尽可能多地了解对方。但我们不一定要达到什么目的。这是我的想法，你能告诉我你在想些什么吗？”

吉尔：“我和我女儿相处有一些问题。她20岁了，在上大学。让她就这么走了，我非常痛苦。我对她充满内疚。我非常需要她，依赖她。”

罗杰斯：“需要她留在你身边。这样你就可以为自己感到的愧疚做些补偿。这是其中的一个原因吗？”

吉尔：“在很大程度上是吧。她一直是我真正的朋友，而且是我的全部生活，非常糟糕的是，她现在走了，我的生活一下子就空了很多。”

罗杰斯：“她不在家，家里空了，只留下了妈妈。”

吉尔：“是的，是的。我也想成为那种很坚强的母亲，能对她说‘你去吧，好好生活。’但是，这对我来说非常痛苦。”

罗杰斯：“失去了自己生活中珍贵的东西是非常痛苦的，另外，我猜，还有什么别的事情让你感到非常痛苦，是不是你提到的和内疚有关的事情？”

吉尔：“是的，我知道我有些生她的气，因为我不能总得到我所需要的东西。我的需要得不到满足。唉，我觉得我没权利提出那些要求。你知道，她是我的女儿，不是我的妈妈。有时候，我好像也希望她能像母亲一样对我。可我不能向她提那样的要求，也没那个权利。”

罗杰斯：“所以，那样的想法是不合理的。但她不能满足你的需要的时候，你会非常生气。”

吉尔："是的，我非常生她的气。"

在这个片段中，罗杰斯不断引导吉尔说，并通过诠释和提问去核查自己是否真正理解了吉尔的意思。整个谈话中，罗杰斯没有出现评判式回应。

扩展训练

你是一个好的倾听者吗？

作为一个倾听者，你的倾听在多大程度有效呢？在下面每一个因素中，勾出最能代表你的倾听能力的得分，使你对下面的每一个因素得出一个量的评价。

7=突出；6=极好；5=非常好；4=平均（好）；3=比较好；2=不足；1=非常低；0=根本没有能力。

1. 倾听他人的情感，而不仅仅是他（或她）所说的。	7	6	5	4	3	2	1	0
2. 释义他人所说的。	7	6	5	4	3	2	1	0
3. 不打岔。	7	6	5	4	3	2	1	0
4. 思想开明，尽管认为与某些观点不一致。	7	6	5	4	3	2	1	0
5. 牢记人们所说的。	7	6	5	4	3	2	1	0
6. 愿意表达自己的情感。	7	6	5	4	3	2	1	0
7. 认为自己知道对方接下来要说什么，也不接别人的话。	7	6	5	4	3	2	1	0
8. 保持目光接触。	7	6	5	4	3	2	1	0
9. 当别人说话时，不思考接下来要说什么。	7	6	5	4	3	2	1	0
10. 为了获得更多的信息并显示对对方所说的感兴趣，向对方提问。	7	6	5	4	3	2	1	0
11. 我喜欢沉默。	7	6	5	4	3	2	1	0
12. 了解别人的身体语言和自己的身体语言。	7	6	5	4	3	2	1	0
	总分：							

第四章　师幼互动之说话艺术

凡是当教师的人，都担负着语言教育的责任，因此，所有的教育工作者都必须学好语言。

——叶圣陶

学习目标

1. 本章导读：师幼互动贯穿于幼儿一日活动中，幼儿教育的目标、教育观念都要通过具体的师幼互动行为来实现。而在师幼交往中，教师言语又起到重要的媒介作用，直接影响着师幼互动的质量和水平。“会说话的老师”总会得到幼儿们的喜爱，“会说话的老师”也懂得如何与幼儿沟通。成为一名“会说话的教师”需要掌握一定的说话和提问的技巧，并学会恰当地回应幼儿，给幼儿创设一个能使他们想说、敢说、喜欢说、有机会说并能得到积极应答的环境，让幼儿在这种环境中健康快乐地成长。让我们一起学习如何做一位“会说话的教师”。
2. 教学重难点：重点：了解幼儿教师口语特征、掌握师幼互动中教师的提问与回应；难点：避免口语误区，在师幼互动中巧妙地回应，运用互动的睿智使幼儿和教师谈话更加和谐融洽。
3. 教学课时：18 课时。

第一节　幼儿教师的口语艺术

教师口语是指在教师与幼儿互动过程中，为达到师幼间相互理解、相互沟通，促进幼儿身心和谐发展的目的，幼儿教师以口头语言为主的语言形式。在幼儿教育中，师幼关系的和谐与教师的口语水平也有很大的关系，会说话的教师，往往能赢得幼儿的信赖，更易建立和谐的师幼关系，反之师幼关系则较为疏远，容易产生对立情绪。

一、幼儿教师口语特征

教师口语是教师与幼儿互动的媒介，不论是生活、学习还是游戏中，它不仅是进行沟通的工具，传递着知识经验，还是一种情感的互动，用爱唤醒幼儿的心灵。教师口语是幼儿主要的模仿对象，对幼儿语言能力的发展产生重要影响，这就要求幼儿教师在深入了解幼儿知识特点和身心发展水平上，充分运用语言这一工具开启幼儿的心智，幼儿教师口语具有以下特征：

1. 用语规范，通俗易懂

幼儿教师要用标准的或者比较标准的普通话进行教学，语音规范，发音正确，这样幼儿才能比较容易听懂。不使用方言词、娃娃词、网络词等不规范词，如“你走先”“顶”“洗澡澡”等。在幼儿园的活动中，有的教师普通话标准，表达准确，孩子很喜欢，但有的教师语言基本功差，方言重，表达模糊，甚至东拉西扯，词不达意。特别是语言领域的活动，在此场景下教师的口语表达成为幼儿直接模仿的对象，稍有不慎，将会对幼儿的语言发展造成不良影响。在师幼互动中口语的规范化是一个必要条件，而且没有老师希望自己教育的幼儿发音不清或者满嘴方言吧？

知识链接

教师的语言是幼儿模仿的对象，教师的一言一行，幼儿都会一一听在耳里，看在眼里。教师说什么，怎样用词和造句，用什么言辞说出自己的感觉，对别人说话的反应等，都对幼儿起示范作用。因此，在幼儿园一日生活中幼儿教师说话时，除了咬字清楚、发音准确、辅以恰当的肢体语言外，还要注意语言的表达力，包括适当的音量、语调、语速等。①

教师的语言如果规范，就能激发幼儿交流的兴趣，幼儿就能够自主交流，产生交流的欲望；教师的语言如果有魅力，孩子就愿意倾听；教师如果能声情并茂、灵活生动地讲述或朗诵幼儿文学作品，幼儿也一定会喜爱上文学，能感受语言的丰富和优美。②

---

① 张明红. 幼儿园语言教育与活动设计［M］. 北京：高等教育出版社，2010：50-52.

② 邓萌. 学前教育专业教师口语技能培养研究［D］. 武汉：华中师范大学硕士论文，2011：12.

案例导入

故事《陶罐和铁罐》片段：

……

“我就知道你不敢，懦弱的东西！”铁管摆出一副轻蔑的神气。

“住嘴！”铁罐愤怒地喝道，“你怎么敢和我相提并论！你等着吧，要不了几天，你就会破成碎片，完蛋了！我却永远还在这里，什么也不害怕。”

“何必这样说呢，”陶罐说，“我们还是和睦相处好，吵什么呢！”

案例分析

如果按照故事的文本给幼儿讲故事，“懦弱”“轻蔑”“相提并论”“和睦相处”等词语过于书面化，不适合讲述。如果教师在讲述时将它们改为“胆小”“相比”“好好相处”等，就比较通俗和口语化，幼儿理解起来也就容易多了。①

2. 情感真诚，灵活善诱

白居易曾说：“感人心者，莫先乎情。”再渊博的知识，再精致的教具，再华丽的语言都抵不过真诚的言语和关爱，师幼互动的过程也是情感交流的过程，对于心灵稚嫩的幼儿来说，真诚的爱是对幼儿最好的教育，没有情感的压迫性教育只会扼杀幼儿的天性。教师要用充满情感色彩的语言叩开幼儿的心门，让他们感受到教师的一片爱心，沐浴在师爱的阳光之下。对于幼儿的每一点成绩和进步，教师要用热情洋溢的话语加以肯定和赞赏，对幼儿的缺点和错误，教师批评时应饱含深情，能使幼儿发现不足，并有充分的勇气和信心改正缺点和错误，使幼儿在充满教师爱心的阳光下轻松快乐地学习、生活，同时陶冶着幼儿良好的情感品质。

幼儿教育的过程存在许多不确定性，需要教师的教育机智，语言自然也要灵活应变，用循循善诱的语言激发幼儿学习的主动性，启迪幼儿的思考，引导幼儿掌握知识。孔子云：“不愤不启，不悱不发。”教学活动中的师幼互动对幼儿有着深刻的影响，教师要注意调动幼儿学习的主动性；使用灵活、富有启发性的语言启迪幼儿的思考，善于创设问题情境，激发幼儿的求知欲；善于“制造问题”，让幼儿寻找解决问题的方法；巧用含蓄的表达方式，灵活诱导幼儿找到解决问题的方法。生活活动中的师幼互动对幼儿的影响是潜移默化的，教师不仅要对幼儿传授知识，培养能力，也要对其进行思想品德教育，因而生活中的教师语言具有教育性，不是枯燥的说教、严厉的指责，而是在了

① 钱维亚. 幼儿教师口语［M］. 北京：高等教育出版社，2008：34-35.

解幼儿年龄特点和个性特点上进行渗透的教育，通过教师的灵活善诱，增进师幼的感情，发挥幼儿的积极性，自觉地接受教育。

案例导入

午饭时，欣欣和坐在他背后的小俊开玩笑，建议他把饭倒在装菜的菜碗里。教师看见了，用调侃的语气说："哟，欣欣好聪明哦，还懂得把饭加到菜碟中，真聪明！真像白雪公主！难怪小俊还叫你白雪公主呢！"欣欣听了后低下了头。教师继续说道："白雪公主，怎么，害羞啦？抬起头来呀！白雪公主。"欣欣把头压得很低，嘴唇压在碗沿上，没有回答教师的问话，也没有抬头。她的脸渐渐地涨红了。教师轻轻走过去，托起她的下巴，让她的脸仰了起来。原来这小姑娘不知什么时候已经哭了。擦了眼泪，教师继续亲昵地对她说："你呀，长得这么像个白雪公主才叫你的嘛！"边说边用手指头点点她的额头。"唔，长得还像小红帽呢！对了，你的小红帽放到哪里了？""放在家里了。"小姑娘回答。"放在家里啦？那星期一拿来给张老师看好不好？"欣欣点点头，又问："哪个小红帽啊？""就是×××还你的那个呀！"小姑娘明白过来，"哦"了一声。

"欣欣是不是有好多好多的帽子呀？""只有两个。"教师掰开她的小嘴："唔，你昨晚把牙齿给妈妈没有？"（昨天欣欣掉了一颗牙齿）欣欣点点头。"她把牙齿放在哪里啦？""不知道。"教师又拍拍她的小脸蛋，说："现在知道没有？老师喜欢你才这样说的。"欣欣点点头。"那这点饭能不能吃完？"欣欣又点点头。教师把她放下，让她坐好，继续吃饭去了。

案例分析

这是一次比较温馨的师幼互动，教师在关心幼儿时主动与幼儿开玩笑，不会让幼儿觉得有压力，在幼儿没有回应时，教师没有进行连续性的追问和责问，温柔地呵护幼儿的内心，慢慢地打开幼儿的心扉，引导幼儿说出内心的困惑和难过，没有孩子不喜欢这样的教师。

3. 充满童趣，生动形象

保持一颗纯真的"童心"，站在幼儿的角度去观察世界，是教师语言儿童化的必要准备。幼儿的思维具有形象性特点，主要凭借事物的具体形象或者表象进行联想，有形、有声、有色、有动感的语言才能唤起幼儿对事物的感知。幼儿教师要善于运用语言创造直观形象，帮助幼儿了解各种抽象的事物、词语和概念。教师要有目的地锻炼口语，抑扬顿挫的声音，鲜明的节奏感，夸张的语气更易于吸引幼儿的注意，这种较强的语言表现力怎会抓不住幼儿的心；同时教师还要善于运用叠音词、摹色词、象声词、感叹词、语气词和比喻、比拟、夸张、排比、反复、顶针等口语修辞手法，使口语变得风趣幽默、直观形象，这样的互动幼儿才会觉得轻松有趣。

知识链接

我国著名科普作家高士其的作品，不但被幼儿所喜爱，连大人读了也不肯释手，这其中的原因就是语言充满童趣、生动形象，这也是幼儿教师口语区别于其他甚至小学低年级教师口语的主要美学特征。

幼儿对教师语言的期待是充满童趣，语气亲切柔和，音色甜美清纯，用词浅显易懂，唤起幼儿对具体事物的真切感知；幼儿教师的语言要能激起幼儿学习的兴趣，引导幼儿进行联想和想象；要灵活恰当地运用修辞手法，把呆板变得活灵活现，把深奥变得简易生动；要善于运用拟声词、叠音词、多用动态词语，让语言栩栩如生，让幼儿产生如临其境、如闻其声、如睹其色、如见其人的感觉。①

案例导入

小朋友闭上眼睛，听听窗外的雨声像什么呀？哗哗——像小河在流，滴答滴答——像钟表声。睁开眼睛看看雨像什么呀？像梳子一样密，像针一样细，像一串串的珍珠！远看还像一道门帘。”

案例分析

不需要华丽的言语、精致的道具，幼儿教师简单的几个词、几句话，就把雨水的声音和形象描述得“有形有色”，既有利于幼儿的想象，又加深了幼儿的理解。

4. 科学准确，用语适当

幼儿期是学习语言的关键期，教师的口语除了给幼儿示范作用外，还有先入为主、潜移默化的作用。幼儿园知识的讲述虽然要求浅显易懂，但是教师也不能随意用生活中的日常语言代替科学术语，既要有充分的科学依据又要简明扼要、不含糊。如游戏活动

① 邓萌. 学前教育专业教师口语技能培养研究［D］. 武汉：华中师范大学硕士论文，2011：23.

中，教师不管拿什么颜色的小旗做道具，都会说："数一数，这是几面小旗"，出现的小兔子，不管褐色、白色或者灰色，都说成小兔子，这样的互动恐怕效果不会很好。特别是对于科学教育，对于一些概念的讲解不能似是而非、模棱两可，严密的逻辑推理，适当的词语表达，才不会误导幼儿，影响教学的效果。

案例导入

大班科学活动"动物怎么过冬"，在讲到动物过冬的方式时，教师以手偶表演的形式启发幼儿：小白兔来到青蛙的家里，想找青蛙玩，可看到青蛙一动不动，小白兔问："青蛙，你在干什么？"青蛙一动不动。小白兔又来到了小熊的家里，看到小熊也在睡觉，小白兔问："小熊，你在干什么？"小熊慢慢地醒过来，说："冬天到了，我在冬眠。"小朋友，你们知道这是怎么回事吗？幼儿你看看我，我看看你，不知道怎么回答。

案例分析

上例中教学的冷场是由于教师语言的含糊不清和有失科学性造成的。"小朋友，你们知道这是怎么回事吗？"这句话老师是让幼儿回答青蛙为什么一动不动，还是回答冬眠是怎么回事？如果是前者，答案应该是"冬眠"；如果是后者，小熊在冬眠中怎么能醒来回答问题？幼儿的逻辑思维处在发展阶段，教师语言的科学性和表达的逻辑性，对于幼儿掌握正确的知识、促进幼儿逻辑思维的发展有重要的作用。因此，教师必须重视语言的科学性。①

二、幼儿教师口语误区

1. 幼儿主动少，教师主导多

我们在幼儿园中不难发现，幼儿因其自身的发展有限，很多时候都是教师在讲幼儿在听。教学活动中，教师在讲述中很少询问幼儿的感受和意见，幼儿难以取得话语权，这种单向的互动也就不易激发幼儿学习的兴趣，幼儿注意力的分散是难以避免的。教育是一种互动的双边活动，教师在与幼儿的互动中同时获得成长，教师要根据互动的场景、内容、对象等实际，选择恰当的教师口语对幼儿施加影响。在互动过程中，教师不能以传道者自居，不能独揽话语权，教师也要耐心倾听幼儿的新心声，做到以情感人，以理服人。

---

① 吴雪青. 幼儿教师口语［M］. 上海：华东师范大学出版社，2012：260.

知识链接

对于师幼互动中教师的话语霸权，我们应该怎么做呢？

首先，教师要热爱幼儿、尊重幼儿，教师要学会用自己的语言和非语言形式来表达对幼儿的尊重、关爱、理解和支持，帮助幼儿树立自信心。

其次，教师要认识到，教师与幼儿处于平等的地位，创设宽松、自由的语言环境，让幼儿有话敢说，才不会因害怕教师的权威，在互动中总是被动回应。

再次，师幼互动并不全是教师与幼儿集体的交流，为了增加互动的深度，教师在幼儿园中应不断地与每个幼儿进行单独的交流。虽然教师是有意识的，但是幼儿觉得随意和自然，有利于师幼之间感情的加深和改变固定的互动形式。

最后，在关注师幼互动的过程中，幼幼之间的互动也很重要，不要轻易打断幼儿的谈话，认真倾听或者参与他们的谈话，为他们提供自由交谈的机会，在宽松愉悦的环境中，形成师幼之间平等的话语权，幼儿的主体性才会逐渐体现出来。

案例导入

这是一节美术课

教师："小朋友请看这幅图片上都有什么？"

幼儿："向日葵""太阳""……"

教师："恩，好。"

接着，教师开始讲述："大家看一下向日葵是不是圆的呀？它的花瓣还是黄色的，仔细看我们还会发现……"

幼儿沉默地望着图片。

案例分析

在这样的教学活动中，教师处于主导地位，直接将教学的内容教授给幼儿，并没有对幼儿的回答进行适宜的反馈，教师的言语缺少启发性，完全是一种灌输。幼儿逐渐成为教师权威语言的纯粹接受者，教师和幼儿之间缺乏双向对话，互动仅仅流于形式。除了教师平淡的语言描述，没有给幼儿讲出自己感受的机会，只有先感受美、发现美，才能创造美。

2. 情感话语少，事务语言多

有情感才有艺术，有爱才有好的教育。尽管观摩课上的语言是那么的华美，但华美的背后透出的却是一种“伪表现力”。没有了爱的教师，即使再精湛的表演也会失去光芒，也会感觉很假，这也就是孩子们不领情、不激动的真正原因。教师语言的情感来自教师对职业的热情，热爱纯真的幼儿，对幼儿充满期望，这样才能以忘我的情怀、饱满的情绪、亲切的语言面对幼儿，减少自身不良情绪（愤怒、焦虑、失望、沮丧）的影响。即使面对再多的幼儿、再多的杂务，教师也要饱含深情，语言中处处充满积极、关爱、真诚的感情，才不会为杂务影响与幼儿的互动和交流，做到师幼心心相印。

知识链接

心理学研究表明，当人处在良好的情绪状态时，更容易回忆起那些带有愉快情绪色彩的材料；情绪能影响认知操作的效果，其影响效应取决于情绪的性质及强度。中等唤醒水平的愉快和兴趣情绪为认知活动提供最佳的情绪背景，过高或过低的愉快唤醒均不利于认知操作。①

幼儿教师在工作中必须以饱满的热情、真挚细腻的感情与幼儿进行沟通，该肯定时就要毫不犹豫地给予肯定，该赞赏时就应毫不吝啬地给予赞赏，该鼓励时就要倾注真情给予鼓励。幼儿教师要善于换位思考，站在孩子的角度去理解和看待问题，尊重和肯定孩子，使幼儿产生一种被接纳的情绪体验，激发幼儿形成积极的自我意识，促进自我完善，并使幼儿形成一种内在驱动力，学会正确地评价自己、了解自己，从而增强自信心。与幼儿沟通时，不妨多用劝慰语，在理解幼儿的基础上与幼儿交流，幼儿因年龄小，日常生活中总会遇到各种各样的问题，如遇到不爱吃的饭菜、同伴之间的冲突等，一味的指令性语言很难取得幼儿的理解和教育作用。因此，不同情境下恰当的劝慰语显得尤为重要，真诚、恰当、及时的劝慰语能够安抚幼儿的不良情绪，化解幼儿心中的消极感情，也能帮助教师解决问题，使师幼沟通顺利进行。

案例导入

正在吃早餐的嘉怡把一个碟子碰到了地上，他赶紧把它拣起，放在桌子上，还回头看了教师一眼。教师听到声音走了过去，大声说：“嘉怡，你怎么回事?! 你知不知道我现在老是点你的名?! 你怎么变成这样了，啊?! 真是难以教化!”嘉怡抬起头，对教师说：“是他（指着另外一位幼儿）放到这里的。”教师没有理睬他的申辩，气冲冲地走了回去。

① 孟昭兰主编．普通心理学［M］．北京：北京大学出版社，1994：145.

案例分析

可以看出，幼儿并不是故意这么做的，但是教师并没有询问幼儿，而是直接进行了消极回应。同时，在幼儿遇到困难时，教师很少说“不要紧”“没关系”，只有在教学活动中幼儿回答不上问题时，教师才说“没关系，你再想一想，等会告诉我们”。在其他场合，教师通常以说明或讲解来帮助幼儿，而没有以激励性的语言让幼儿再努力尝试一下。

3. 积极言语少，消极回应多

由于幼儿的心理、生理特点，注意力集中的时间较短，又缺乏较好的自我控制能力，对于某些教学活动，幼儿如果不感兴趣，难免会出现“溜号”的现象。因而教师一般都会这样：“上课时不许乱讲话！眼睛看着老师。”“我看谁的眼里没有我啊?”在教学活动中经常能够听到这些语言。其实，师幼互动中否定词语“不要”使用频率过高，并不能起到指导作用，只能暂时将幼儿的眼睛拉回教师那里，几分钟甚至几秒钟后，幼儿又会去看别的，做别的。反复如此，教师与幼儿便都会处于消极的情感之中，进而会影响到师幼之间的互动。

知识链接

1. 多用激励语

陈鹤琴先生认为：“积极的鼓励胜于消极的制裁。”师幼互动中，给予幼儿激励语能够激发幼儿内在的驱动力，当幼儿遇到挫折、自信心不足时，帮助他们树立信心，推动他们向前进；也可以在幼儿获得成功体验的时候，鼓励幼儿向更高的目标迈进。根据幼儿不同的特征，在不同情境下，恰当地使用激励语是增加师幼互动情感性的必要工具。

2. 少用批评语

批评语是对幼儿不良行为的否定的评价性语言，它的目的是引起幼儿的警觉，自觉纠正缺点和错误，但是幼儿教师在使用时要注意把握分寸，公平对待每一个孩子，做到实事求是，不要使其成为伤害师幼感情的利器。在进行时要注意的几个问题：

（1）不同的场合，教师要恰当地采用不同的方法批评幼儿以达到最佳效果。

（2）教师在使用批评语时要控制好自己的情绪，不要带“有色眼镜”。

（3）教师对于不同性格特点的幼儿，要采用不同的批评方法和批评语。

案例导入

晨间接待时，一个孩子拿了很多树叶，兴高采烈地走进幼儿园的教室（该班幼儿昨天去室外进行了捡树叶、认识树叶的活动），对老师说："老师你看，我昨天晚上和爸爸又捡了好多的叶子"，请设计与这个孩子的沟通和交流语言。

一个学生的沟通语是这样的："现在捡这么多干嘛呀，昨天要你捡的时候你又没捡几片，现在却捡了这么多，放后面的'自然角'去吧。"这个"教师"在说话时态度生硬，表情不高兴，语言简短，只有批评和否定，孩子的积极性和自尊心受到了伤害，更重要的是如果这样与孩子沟通，孩子的心灵之门很快就会关闭。

但另一个学生的沟通语是这样的："呀，姗姗真乖，又捡了这么多叶子（老师蹲了下来，微笑着边说边抚摸孩子的头），在哪儿捡的呀？这些叶子都一样吗？你认识这些叶子吗？你真行，能说出这么多树叶的名字！想不想和我们昨天捡来的叶子比较一下有什么不同？嗯，和这几个小朋友一起放到'自然角'去比比看，一会儿把你们的发现告诉我们好吗"。这个"教师"的沟通语具有很强的亲和力，语言中充满鼓励和赞赏，在不知不觉中给孩子布置了一个新的学习任务，抓住机会和孩子进行了较好的沟通。面对这样的老师，孩子的心灵之门一定会向老师敞开，孩子的学习积极性、自尊心得到了很好的保护。①

4. 语言表达单一化，笼统语言多

由于幼儿是通过他人的评价获得对自我的认知的，因此，教师用热情的、有感染力的语言表扬幼儿，能够提高幼儿的自信心，使他们体会到成功的快乐，并巩固幼儿的良好表现。但是教师在日常活动中虽然使用表扬较多，但言语内容较单一，通常为"好""很好""好的""真好"。而且，教师常以发布命令的形式进行表扬，如："好，我们给他拍拍手！"，像这样的表扬非常笼统，缺乏针对性，没有充分发挥表扬这种教师语言的教育价值。例如，在教育活动中，教师在维护纪律时多使用命令、诘问，用教师的权威，来使幼儿们保持秩序，教师也会经常使用表扬，为幼儿树立榜样，幼儿为了同样得到教师的表扬，便也会遵守纪律。但是，从观察中也不难发现，幼儿表面上秩序井然，但因为这种表扬缺乏针对性和激励性，幼儿并不能保持很长时间纪律性。

---

① 邓萌. 学前教育专业教师口语技能培养研究［D］. 武汉：华中师范大学硕士论文，2011：38.

第二节　镜像对话

一、什么是镜像对话

“镜”是镜子的镜，“像”是画像的像。顾名思义，“镜像对话”就是要像照镜子一样去说话。也就是把你听到的或看到的幼儿的言行反馈给幼儿，其实就是告诉他们自己他们在做什么，他们说了什么等。因为镜子可以真实地把你的样子原汁原味地呈现出来，人们才愿意相信它。教师把幼儿正在做的事情或者说的话告诉幼儿，对幼儿是一种鼓励。

二、镜像对话的不同情境体验

如果镜子不能真实描述你的样子，会是什么情况呢？我们看看两幅图：

图 4-1

图 4-2

请思考：图 4-1 和图 4-2 的两位姑娘看到镜中的自己会有什么反应呢？
请思考一下，哪一幅图的姑娘接下来可能会发生这些情况（图 4-3 至图 4-5）？

图 4-3　歇斯底里喊叫

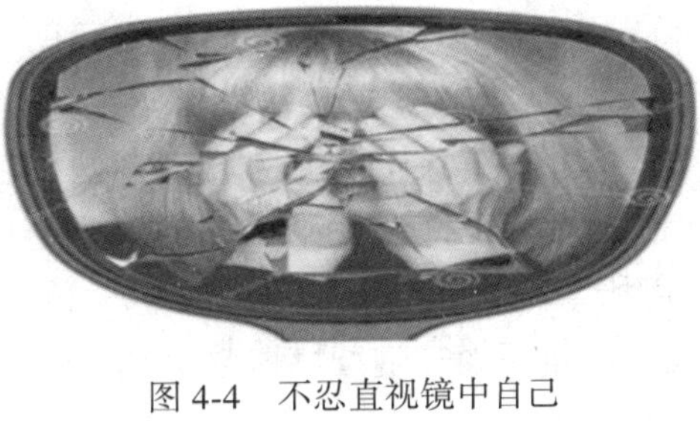

图 4-4　不忍直视镜中自己

图 4-5　一气之下的破坏

——以上图片来自网络

以上可能就是不客观描述的结果，你觉得客观描述重要吗？

【情境体验一】

今天情人节，你很高兴，自己画了淡妆、穿上漂亮的衣服出门，这时候，你分别遇到了三个朋友 ABC。他们分别如此与你打招呼：

A：亲爱的，你今天真漂亮（你真美）。

B：亲爱的，你是不是去会情人了？你把自己打扮这么漂亮，是想在我面前显摆一下吧？

C：亲爱的，今天你擦了口红，看上去气色很好；今天你把头发盘起来，很有气质。今天你穿的这套裙子颜色和款式让你看起来很舒服。

请问：对三位朋友 ABC 的说话你的感受分别是什么？感受一样吗？究竟有什么不一样呢？

【分析】

A 的表达方式属于主观评价，“漂亮”“美”，属于主观评价，这些词是褒义词，你可能会说：听了后感到高兴，开心。那么，除了高兴、开心还有什么呢？如果你一直听到的都是这样的主观评价，你有没有一点点怀疑？是不是真心话？有没有觉得没意思了，不想听了？这样的表达对你有什么帮助没有？似乎没有——因为这样的问题并没有建设性。

B 的表达方式属于“想法”，当说“你是不是会情人去了”，如果你是单身，正愁对象找不着的时候，这么一问，会让你更闹心，哪壶不开提哪壶啊。你可能也会想，难道你是想在我面前显摆一下吗？这样的问法是 B 自己的想法，所以，你也很委屈，觉得很无聊。

C 的表达方式属于镜像对话，她真实客观描述了你的形象，“你今天擦了口红”“你把头发盘起来了”“你穿的这套裙子的颜色和款式”，描述之后再加上感受，看起来“很舒服”，这样的表述，你的感受如何呢？有没有被鼓舞？有没有还想听他们继续说？有没有决定下次还继续擦这款口红、盘这款发型或者穿这套裙子？或者还会更精心打扮一下自己？

ABC三种不同沟通方式会让人产生不同的感受，做出不同的决定，镜像对话会给人以鼓励！

镜像对话还可以迁移到家庭中的亲子对话上，体会一下父母和孩子的对话。

【情境体验二】

以绘本《大卫不可以》为例，假设有位孩子叫大卫，他在洗澡，手里还拿着玩具在玩，池子里的水流了一地（图4-6）。

图4-6 绘本《大卫不可以》

三位妈妈ABC：

A妈说：大卫，你看你把房间弄得乱七八糟，不想洗就出来吧。——主观评价

B妈说：大卫，我看你就没在洗澡，纯粹是在玩水。——想法

C妈说：大卫，池子里的水流到地板上了。——镜像对话

【分析】

我们设身处地替大卫想想，他听到不同妈妈的表达，会怎么想怎么做？

面对A妈：大卫可能会想，房间很乱吗，不就是有点水吗？妈妈也太夸大其词了，妈妈怎么能这么说我呢？不是你让我来洗澡的吗？

面对B妈：大卫可能想，妈妈也太武断了，我明明就是在洗澡啊，怎么能说我在玩呢？

面对C妈：大卫可能的反应，哦，水流出来，地面湿了，说不定我还会摔跤呢；或者流到客厅里就麻烦了；或者我得想个办法，我先把地面的水擦干再说，以后我得小心点了。

镜像对话，会让孩子愿意面对眼前的问题并思考自己该如何应对。主观评价、想法容易让人反感、生气、感觉不被理解，进而产生不想继续交流的决定，出现话不投机半句多的情况，常常是人与人之间产生矛盾的根源。

【情境体验三】

两个学生分别扮演妈妈和孩子，请按照图 4-7 所示感受不同表达带来的效果：

图 4-7　大人描述问题的时候，其实，也就告诉了孩子该怎么去做。

——摘自［美］阿黛尔·法伯、伊莱恩·玛兹丽施著，安燕玲译：《如何说孩子才肯听，如何听孩子才肯说》，中央编译出版社，2014 年

1. “告诉你多少遍了，上完厕所要关灯。”

请假设如果你就是那个孩子，你会怎么想？

如果你是妈妈，你又会怎么想？

孩子：“我妈妈真凶，我怎么又惹妈妈生气了？”“不就是没关灯吗？至于这么吵我？我就是不关，看你把我怎么样？”“我想赶紧长大逃离这个家”。

妈妈：“我怎么生了这么一个儿子？说过多少遍了还不改，气死我了。”“我真无能，孩子都教育不好。”“我不管了，让爸爸管他吧”等。

结果必然是——妈妈生气，孩子也生气，两败俱伤。

如果妈妈用镜像对话会怎么样呢？

2. “孩子，厕所的等还开着呢。”——妈妈心平气和

孩子：回头一看，不好意思，我怎么忘了，下次一定记得关灯。赶紧跑过去关了。

3. “马上把电话挂了！”

妈妈：“你都打了一个小时了，还在聊，关键说的都是废话，也不学习，时间也浪费了，也花了电话费，这么不懂事不爱学习。”——妈妈很生气。

孩子：“凭什么让我挂，我还没说完呢？”“电话不就是让打的吗？你真爱多管闲

事”“越不让我打，我偏打。”——两人像仇人一样分外眼红。

4.“孩子，我要打个电话。”

孩子：“对不起，我打时间太长了，该结束了。”“我耽误妈妈打电话了，真不好意思。”“我要向妈妈道歉，下次我注意时间。”

客观描述没有指责，没有命令，当描述时候，也就是告诉孩子该怎么做了。

比如：妈妈说“厕所灯还开着呢”，言外之意是关了吧，“我要打个电话”，言外之意，你该挂电话了。这些不需要明确说出来，但是妈妈的态度已经很明确，该怎么做也很清楚了。

案例分享

孩子从幼儿园回来拿着他的涂鸦作品放到妈妈面前，“看我画的怎么样？”妈妈第一反应：真棒。但是她马上意识到：不对，我不应该说，应该客观描述。但是怎么描述呢？一个3岁的孩子的作品没有什么可描述的，于是她这么描述：你画了一个圈一个圈又一个圈，一个折线又一个折线，点点点点点，线线线线线……孩子频频点头，妈妈又问：“你是怎么想起来这么画的？”孩子自豪地说：“因为我是艺术家，明天再画一幅给你看。”大家想象一下，如果妈妈说：“你画得真棒，你真是个艺术家。”孩子会有什么反应呢？

拓展阅读

一位教师看到一个叫娜塔莉的女孩正在把地上的土分别装在几个小花盆里，于是这样对女孩说：“娜塔莉，你在干什么呢？”娜塔莉可能会更迷茫：“我也不知道自己在干什么。”或者娜塔莉当作没听见，不知道怎么回答老师。或者娜塔莉可能会想：“你不会看吗？我就在干这件事。”等。

如果老师这么说：“娜塔莉，你正忙着把土放进花盆里，就像园丁准备播种一样呢。”

当娜塔莉听到老师这么和她说话，她可能有几种感受呢？

第一种可能：她可能感觉很好，因为老师注意到了她正在做什么。当一个孩子被老师关注的时候他还是会很开心的，对吧？她感受到了来自老师的温暖。

第二种可能：她也许会想：“噢，原来这种褐色的东西叫‘土’，这个东西叫‘花盆’，我还真不知道呢”——你给她了一种新的知识。

第三种可能：也许她还没有真正想过下一步要做什么，但现在她要考虑下一步了——播种——你给了她一个明确的方向和引导。

第四种可能：也许她正开始对这项活动失去兴趣，但因为你有兴趣，产生了好奇心，所以她决定坚持下去。——你给了她继续工作的动力。

如果你期望通过对话分享她的快乐，可以添加一些语气强烈的词或句子，比如“哇”“奥”“天哪”“了不起”“瞧瞧你真厉害”“来击掌庆祝一下吧”“祝贺你”等，效果会更好。

——摘自 Amy Laura Dombro，Judy Jablon，Charlotte Stetson 著，王连江译：《有力的师幼互动》，中国轻工业出版社，2018 年版

三、情境体验的效果

镜像对话会让人感受到温暖，感受到被关注，学到新的知识，有明确的方向，产生继续做得更好的动力、想进一步和你沟通的欲望，而不是“话不投机半句多”了。当我们习惯使用镜像对话与幼儿交流互动时，会发现教师与幼儿的互动行为均会发生变化：教师会觉得班级秩序没有那么不好管了，教学更有效了，教学氛围变得平和友善了；自己更愿意去关注幼儿，更容易发现他们身上的闪光点；更多用欣赏的态度而不是挑剔的眼光看待幼儿；幼儿也会更愿意和教师分享他们所做的工作；愿意重复你所说的话、邀请你一起游戏或告诉你一个故事；他们还可能通过告诉教师自己在做什么与教师开展更多互动；甚至他们自己也会尝试采用镜像对话和别人交流。

教师的口语表达要想取得好的效果，首先要做一个好的倾听者，对幼儿的言语和非言语表达表示尊重和欣赏，并且使用有趣的语言和词汇，重复和理清幼儿说的话。不要公开纠正幼儿的发音和语法，只需要对幼儿的话进行正确的重申或改述。使用开放式的问题促使对话持续进行。谈论幼儿感兴趣的话题。鼓励幼儿之间相互对话。让幼儿知道你很重视他们之间的对话。邀请其他幼儿加入你与幼儿之间的对话。长期坚持这样，你会发现幼儿逐渐发起和主导更多的对话，积极参与对话，进行更长时间的对话，谈论更广泛的主题，相互之间进行对话等。

拓展阅读

镜像对话实例

· 一个婴儿伸手去够响铃时，你说：“哇！你伸出胳膊真的拿到了响铃！”

· 一个学步儿从地上捡起一块小石子看着时，你说：“哦！天哪！你发现了一块非常有趣的石子。它摸起来多么光滑啊！”

· 一个 3 岁的幼儿边搭积木边说：“太棒了，我成功了”时，你说：“你真棒！你把积木一块块地搭成了一座塔。我想知道你能不能把塔搭得更高？”

· 一个 4 岁的幼儿脱下外套，挂在衣钩上时，你说：“你真了不起！你能够脱下外

套并且挂起来。我记得你以前很难做到!”

·一个5岁的幼儿把一片叶子放到放大镜下面时，你说：“我看到你在用放大镜观察叶子，你注意到了什么?”

·一个6岁的幼儿用符号来记录游戏的分数，并且宣布“我找到了这个好方法来记录分数”时，你说：“使用计数符号是相当好的记录分数的方法！你是怎么想到这个方法的?”

第三节 鼓励与表扬

一、表扬与鼓励的联系与区别

(一) 表扬与鼓励的联系

表扬是个褒义词，含有赞扬、赞美的意思，是指对好人、好事公开称赞，使大家都知道。近义词有夸奖、赞美、赞赏、歌颂、称赞等。鼓励的意思是激发、勉励，也指振作精神。鼓励的近义词有激励、鼓舞、鞭策、促进、激发等。表扬与鼓励是教师为了强化幼儿的良好行为经常用到的一种教育手段。实践中教师使用表扬居多，使用鼓励居少，甚至常常混淆二者，教育效果并不理想。

(二) 表扬与鼓励的区别

表扬和鼓励都是作为一种积极强化的手段，既有联系又有区别。二者的区别可见下表：

鼓励与表扬的区别

	表扬	鼓励
1. 词典里的意思	表达满意的评价，表示认可	鼓起对方的勇气，激励、促进
2. 指向	做事的人：“好孩子”	行为：“干得好”
3. 认可	只对完成的、完美的结果“做得正确”	努力以及进步，“你尽力了”
4. 态度	高高在上、操纵性的“我喜欢你这样”	尊重欣赏、询问：“我们现在该怎么做?”
5. 关系	居高临下：“你真是个好孩子”	平等：“谢谢你的帮助”

续表

	表扬	鼓励
例子	“我为你考100而骄傲”（剥夺了孩子的自我成就感）	“能考100分反映了你的努力”（承认对方的成就及其努力的责任感）
6. 导致	孩子为他人而改变：“寻求认可上瘾”	孩子为自己而改变：“寻求内心方向”
7. 控制点	外在：别人会怎么想？	内在：我在想什么？
8. 教给孩子	想什么、依赖于别人的评价	如何思考、自我评价
9. 对自我价值感的影响	当得到他人认可时感到自己的价值	无需他人认可也能感到自己的价值
10. 长期效果	依赖他人	自信、自立

（三）表扬与鼓励效果上的区别

关于二者在效果上的区别，可以通过情境体验获得。

【情境体验】

此活动人数不限，通常16人，8人一组面对面间隔一米距离站好，一组为鼓励组，一组为表扬组。鼓励组成员每人手里一张鼓励话语纸条，表扬组成员每人手里一张表扬话语纸条。邀请两位学员扮演孩子，分别接受鼓励和表扬。首先请接受表扬的学员分别走到表扬组每位成员面前，聆听老师的表扬，依次进行。然后请被鼓励的同学依次走到鼓励组成员面前接受鼓励。最后主持人询问两位学员各自的感受、想法，如何评价老师和自己，再问参与活动的各位成员的感受、想法、如何看待自己和孩子。

表扬的话：

1. 多美的画啊，你真是个艺术家。
2. 完美，这就是我所期待的！
3. 真棒，你完全按照我说的做了。
4. 你这么快就拼好了拼图，真聪明！
5. 我真为你感到骄傲。
6. 你总是那么招人喜欢！
7. 你是团队中最好的成员。
8. 你总是看起来很完美。
9. 你比他们都强。
10. 你真是我的好孩子。

鼓励的话：

1. 你一口气爬过了攀爬架。

2. 你那么努力地做这件事，你一定为自己骄傲。

3. 你这么快就拼好了图，想尝试一个更难的吗？

4. 你写出了自己的名字，我知道你付出了很大的努力。

5. 谢谢你坐得这么端正，我能看出来你们做好听故事的准备了。

6. 你自己就找到了解决问题的方法。

7. 你尽力了。

8. 你能做到。

9. 我相信你的判断，去做吧。

10. 你真的坚持到底了。

小结：

扮演孩子的学员分享：

感受方面：通常情况下，被表扬的孩子会说自己很高兴、开心、心里美，甚至有飘飘然的感觉，很享受。而被鼓励的孩子通常没有这么明显的情感体验。他们仍然很平静、淡定，会思考自己怎么样可以做得更好。

想法方面：被表扬的孩子通常会觉得自己了不起、自己是最好的孩子、有优越感、觉得别人都不如自己；下次还这么表现以求得老师的肯定和再次表扬。自己做得好的原因和目的皆来自教师对自己的肯定，有点表扬上瘾。同时也会有点小小的压力，如果自己下次没有做得很好，就会失落，甚至对做的好的小伙伴心生嫉妒。被鼓励的孩子内心为自己感到自豪，觉得我能行；教师能理解我；我知道自己下次努力的方向是什么，相信我可以做得更好。

如何评价教师：被表扬的孩子会认为老师喜欢我；我可以在老师面前有点小傲娇。被鼓励的孩子会认为，老师是个给我力量的老师，给我信任，我喜欢这种感觉。

如何评价自己：被表扬的孩子认为我是一个老师喜欢的孩子；老师喜欢我胜过喜欢别人。被鼓励的孩子认为自己能行，可以做得更好。

如何决定：被表扬的孩子会下决心继续做一个老师喜欢的孩子；我不能做不好；我下次得保持第一。我要让老师一直表扬我，我要保持在老师心中的好印象。被鼓励的孩子会想尝试更难的挑战。

扮演教师的学员分享：

表扬组的教师：对于表扬似乎没了感觉，就是随口一说而已。为班里有这样的学生感到骄傲；希望他一直保持。如果下次做得不好会对他感到失望。

鼓励组的教师：对孩子充满了期待和信心；相信他一定可以做到；心态更加平和了。

由此可见：表扬使人沾沾自喜，感到骄傲，希望得到别人的认可，可能还会带来压力和怀疑。鼓励使人自我认同，相信自己能行，知道自己该如何做得更好。

问两位扮演孩子的学员是否可以互换角色，通常，被表扬的孩子愿意被鼓励；而被鼓励的孩子不愿意被表扬。

二、鼓励的话能赋予力量

表扬会使人沾沾自喜，鼓励会给人力量。想象这样一个场景：幼儿园里孩子正玩得嗨，教师让他收拾玩具吃饭。通常情况下，教师会怎么说呢？你觉得效果如何？想不想尝试用鼓励方式沟通呢？以下方式可以试试看：

1. 如果孩子玩得正开心，不情愿收拾，你可以这么说："你玩得正开心，停下来收拾玩具很难，我来捡正方形玩具，你来捡圆形的怎么样？"（先认可感受——有限选择）

2. 如果你担心孩子不理解你的意思，你可以这样问："现在该做什么了？"（核实孩子的理解）

3. 如果孩子不知道自己能不能收拾好时，你可以这么说：我以前看到过你收拾玩具，我知道你能做到。（通过提醒孩子能做什么来表明对他有信心）

4. 如果孩子还是没有行动，可以这么说：你有哪些收拾玩具的主意？（启发式问题）给孩子以思考？

5. 如果孩子没有行动，你还可以这么说：我需要你的帮助，而且你是一个好帮手，你想要先捡红积木还是绿积木？（请孩子合作，然后提供一个有限制的选择）

6. 如果孩子没有行动，你还可以微笑着蹲下来，和孩子处于同一高度，平静地说：亲爱的，现在该收拾积木了。"（说出你想要的什么或你的用意）微笑、蹲下、平静都是一种态度。

7. 如果你想让孩子收拾玩具，还可以不说话，用行动表示；把一只手轻轻放在孩子肩上，然后拉着孩子的手，将他带到积木前，并且给他一个会意的微笑，或者做一个示意。（运用非语言的沟通方式）

8. 当孩子正犹豫的时候，你可以进一步说：你想按自己收拾玩具需要的时间来设置计时器吗？（给孩子适当的权利）

三、鼓励的几种技巧

鼓励有不同的表达方式，前面镜像对话就是其中之一，此处不再赘述。接下来分别介绍其他几种鼓励的技巧：

（一）说出感受

感受通常指当事人当下的一种情绪情感体验，属于心理学范畴，比如高兴、开心、悲伤、生气等。人在不同情境下都会有不同的心理感受。

需要得到满足时的感受：兴奋、喜悦、欣喜、甜蜜、精力充沛、兴高采烈、激动、感动、乐观、自信、振作、开心、高兴、快乐、愉快、陶醉、满足、欣慰。

需要得不到满足时的感受：害怕、担心、焦虑、着急、忧伤、灰心、绝望、愤怒、生气、不耐烦、震惊、寂寞、沉重、尴尬、嫉妒、不舒服等。

在人际互动中，人们常常不会表达自己的感受，而代之以想法。比如表达想法的词语有被抛弃、被羞辱、被虐待、被打扰、不喜欢我、不爱我、被拒绝、不受重视、被束缚、被欺负、无人理睬、没人支持我、无人赏识、被利用、被贬低。

（二）提示

提示是一种很有效的鼓励技巧。

【情境体验】

三位学员分别扮演妈妈、姐姐和弟弟（见图 4-8）。

图 4-8　接受提示比接受谴责容易得多

——摘自［美］阿黛尔·法伯、伊莱恩·玛兹丽施著，安燕玲译：《如何说孩子才肯听，如何听孩子才肯说》，中央编译出版社，2014 年版

请说出孩子被质问、谴责以及提示后的感受、想法、评价以及决定。

请扮演妈妈的学员分享不同的感受、想法、评价以及决定。

（三）用简短的语言表达

请体会下列两幅图（图 4-9）中妈妈不同的表达，孩子的反应有何区别？

长篇大论　　　　简单的词语

图 4-9　这种情况下，多说不如少说

——摘自［美］阿黛尔·法伯、伊莱恩·玛兹丽施著，安燕玲译：《如何说孩子才肯听，如何听孩子才肯说》，中央编译出版社，2014 年版

（四）全神贯注倾听

全神贯注倾听既是对孩子的一种尊重，也是一种鼓励。请体会下列情境中（图 4-10、图 4-11），爸爸不同的表现方式带来的不同后果，体会孩子的感受、想法、评价以及决定。

图 4-10

图 4-11

——摘自［美］阿黛尔·法伯、伊莱恩·玛兹丽施著，安燕玲译：《如何说孩子才肯听，如何听孩子才肯说》，中央编译出版社，2014 年版

请体会孩子面对不同爸爸反应的感受、想法、评价以及决定。体会全神贯注倾听的重要价值。

（五）用“哦、嗯、啊、是吗？这样啊？”等语气词来回应

“哦、嗯、啊”这样的语气词看起来没有实际意义，但是在交流互动中作用很大。想象一下你在和朋友打电话，如果你自言自语说了十分钟对方没有回应，你会作何感想？

通过下面这段对话，感受一下语气词在交流沟通中的作用。

幼儿：我真想打东东！

老师：明明，你生气了？

幼儿：我真想狠狠地揍他！

老师：你这么生他的气啊？

幼儿：你知道那个坏家伙干了什么吗？他把我画的画扔到垃圾箱里！

老师：嗯！

幼儿：我猜他怀疑是我在美术教室把他捏的鸟弄碎的。

老师：你这样想啊。

幼儿：是啊，他哭的时候一直盯着我。

老师：哦。

幼儿：但不是我弄碎的，真的不是我。

教师：我知道不是你。

幼儿：我不是故意的。那个讨厌的洋洋把我推倒在课桌上的时候，我根本没办法的。

教师：是，你真的没有故意弄碎它。

幼儿：是啊，好多东西掉在地上，只有那只鸟碎了，我不是故意弄碎的，他捏的鸟挺不错的！但他不相信我。

老师：你觉得你告诉他真相，他也不会相信你吗？

幼儿：我……我应该告诉他，不管他信不信，我觉得他也应该向我道歉，不该把我的画扔到垃圾箱里。

拓展阅读

鼓励的综合运用案例

布鲁斯妈妈

清晨起床时刻到了。

妈妈：布鲁斯，赶快起床，再不起床要迟到了。

布鲁斯自己穿好衣服（没穿鞋）进来吃早饭。

妈妈说："你的鞋呢？难道你要光着脚去上学吗？……看你穿的是什么！蓝毛衣配绿T恤太难看了……

"布鲁斯，亲爱的，你的短裤是怎么搞的？怎么撕开了？吃完早饭你去换了，我的孩子不能穿破裤子上学……倒果汁要小心，别洒得到处都是！"

布鲁斯把果汁倒洒了。

妈妈很生气，说："真拿你没办法，简直无可救药了！"

布鲁斯准备出门上学，妈妈："布鲁斯，又忘带午饭了，我看脑袋要不是长在你脖子上，你也会忘的！"

布鲁斯拿起午餐包，妈妈："今天在学校要表现好点！"

大卫的妈妈

大卫住在布鲁斯家的马路对面。清晨醒来。

妈妈："七点了，大卫。你想现在起还是5分钟后？"

大卫打个呵欠："5分钟后。"接着大卫起床，没穿鞋。

妈妈："嗨，你已经穿好了就剩下鞋没穿了……哦，短裤接缝这里有一个洞，快开边了，你是站着我来缝还是脱下来？"

大卫想了一下，说："我吃完饭再换。"然后吃饭喝果汁，洒了一些。

"擦桌子的布在水池边。"大卫拿过布把果汁擦掉。吃完饭还跟妈妈聊了一会，穿上鞋换了短裤，准备去上学，没带午饭。

"大卫，午饭！"

他跑回来拿午饭，谢过妈妈，说："再见！"

知识链接

1. 表扬要客观公正

客观即实事求是，表扬语不能夸大其词、滥施赞美。幼儿教师要善于发现幼儿的每一个闪光点，并进行恰如其分的评价。如：“你是最棒的！”“谁也比不上你！”诸如此类的表扬，过于笼统、单一，并不能对幼儿起到真正的激励作用，反而会使孩子形成“盲目自大”、听不得批评的不良习惯。

2. 表扬要及时、适度、具体

表扬要及时，指教师要抓住恰当的教育机会对幼儿进行表扬。比如，平时表现不好的幼儿某一天忽然表现很好，教师就要抓住教育的契机，及时给予肯定，此时才能起到强化良好行为的作用，否则便难以见效。

表扬要适度，一方面语言要客观不能夸张，另一方面表扬的频率也要适度。幼儿教师不要吝啬赞美的话语，该表扬时就表扬。但是，如果凡事都表扬、人人都表扬，就会失去表扬的价值，会让幼儿觉得无所谓。

表扬要具体，指教师要明确告诉幼儿为什么要表扬他，这样才能使幼儿明白怎么做才是对的，接下来该怎么办，含糊、笼统的表扬如“你真了不起”，是起不到应有作用的。

3. 表扬语要真诚，形式要活泼

幼儿教师的表扬是发自内心的，在表扬时要用亲切的语气，使幼儿感觉到教师是发自内心地欣赏自己，感受到教师对他的关爱，从而激励幼儿珍惜荣誉，争取更大的进步。

4. 使用表扬语要注意的几个问题：

（1）表扬要恰如其分。

（2）表扬幼儿的行为过程而不是单纯的行为结果。

（3）表扬的语气要真诚热情。

（4）表扬的形式要有趣、多样，符合幼儿年龄特点。

（5）表扬语也要区分不同性格特点的幼儿，做到“因材施教”。

第四节　有效提问

幼儿教师在活动之前都有一定的问题或提问方式，也包括活动进行过程中教师即时生成的问题，应该怎样恰当地提问，促进师幼间良好的互动呢？

一、教师提问

幼儿教师在日常生活中，特别是在教育教学活动中有效的提问应紧紧围绕目标、根据目标，精心设计，从而激发幼儿的学习兴趣，帮助幼儿找到分析、解决问题的办法。提问是在课堂教学中，教师就有关教学提出的问题，让儿童做出应答的活动。① 幼儿教师的提问是：在幼儿园集体教育教学活动中，教师根据相关的活动目标和内容，依据幼儿现有的经验和发展需要，通过口头言语等方式，向幼儿设置疑问，以启发幼儿思维的行为。②

案例导入

一堂语言课：《灰姑娘的故事》

上课铃响了，孩子们跑进教室，这节课老师要讲的是《灰姑娘》的故事。

老师先请一个孩子上台给同学讲一讲这个故事。孩子很快讲完了，老师对他表示了感谢，然后开始向全班提问。

师：你们喜欢故事里面的哪一个？不喜欢哪一个？为什么？

幼：喜欢辛黛瑞拉（灰姑娘），还有王子，不喜欢她的后妈和后妈带来的姐姐。辛黛瑞拉善良、可爱、漂亮。后妈和姐姐对辛黛瑞拉不好。

师：如果在午夜12点的时候，辛黛瑞拉没有来得及跳上她的南瓜马车，你们想一想，可能会出现什么情况？

幼：辛黛瑞拉会变成原来脏脏的样子，穿着破旧的衣服。哎呀，那就惨啦。

师：所以，你们一定要做一个守时的人，不然就可能给自己带来麻烦。另外，你们看，你们每个人平时都打扮得漂漂亮亮，千万不要突然邋里邋遢地出现在别人的面前，不然你们的朋友要吓着了。女孩子们，你们更要注意，将来你们长大和男孩子约会，要是你不注意，被你的男朋友看到你很难看的样子，他们可能就吓昏了（老师做昏倒状，全班大笑）。

好，下一个问题：如果你是辛黛瑞拉的后妈，你会不会阻止辛黛瑞拉去参加王子的舞会？你们一定要诚实哟！

---

① 袁运开. 简明中小学教育词典［M］. 上海：华东师范大学出版社，1999：256.

② 张瑞. 幼儿园大班数学集体活动中教师提问行为研究［D］. 保定：河北大学硕士学位论文，2014.

有孩子举手回答：会的，如果我是辛黛瑞拉的后妈，我也会阻止她去参加王子的舞会。

师：为什么？

幼：因为，因为我爱自己的女儿，我希望自己的女儿当上王后。

师：是的，所以，我们看到的后妈好像都是不好的人，她们只是对别人不够好，可是她们对自己的孩子却很好，你们明白了吗？她们不是坏人，只是她们还不能够像爱自己的孩子一样去爱其他的孩子。

孩子们，下一个问题：辛黛瑞拉的后妈不让她去参加王子的舞会，甚至把门锁起来，她为什么能够去，而且成为舞会上最美丽的姑娘呢？

幼：因为有仙女帮助她，给她漂亮的衣服，还把南瓜变成马车，把狗和老鼠变成仆人。

师：对，你们说得很好！想一想，如果辛黛瑞拉没有得到仙女的帮助，她是不可能去参加舞会的，是不是？

幼：是的！

师：如果狗、老鼠都不愿意帮助她，她可能在最后的时刻成功地跑回家吗？

幼：不会，那样她就可以成功地吓昏王子了。(全班再次大笑)

师：虽然辛黛瑞拉有仙女帮助她，但是，光有仙女的帮助还不够。所以，孩子们，无论走到哪里，我们都是需要朋友的。我们的朋友不一定是仙女，但是，我们需要他们，我也希望你们有很多很多的朋友。

下面，请你们想一想，如果辛黛瑞拉因为后妈不愿意她参加舞会就放弃了机会，她可能成为王子的新娘吗？

幼：不会！那样的话，她就不会到舞会上，不会被王子遇到，并认识和爱上她了。

师：对极了！如果辛黛瑞拉不想参加舞会，就是她的后妈没有阻止，甚至支持她去，也是没有用的，是谁决定她要去参加王子的舞会？

幼：她自己。

师：所以，孩子们，就是辛黛瑞拉没有妈妈爱她，她的后妈不爱她，这也不能够让她不爱自己。就是因为她爱自己，她才可能去寻找自己希望得到的东西。如果你们当中有人觉得没有人爱，或者像辛黛瑞拉一样有一个不爱她的后妈，你们会怎么样做？

幼：要爱自己！

师：对，没有一个人可以阻止你爱自己，如果你觉得别人不够爱你，你要加倍地爱自己；如果别人没有给你机会，你应该加倍地给自己机会；如果你们真的爱自己，就会为自己找到自己需要的东西，没有人可以阻止辛黛瑞拉参加王子的舞会，没有人可以阻止辛黛瑞拉当上王后，除了她自己。对不对？

幼：是的。

师：最后一个问题，这个故事有什么不合理的地方？

幼：（过了好一会儿）午夜12点以后所有的东西都要变回原样，可是，辛黛瑞拉的水晶鞋没有变回去。

师：天哪，你们太棒了！你们看，就是伟大的作家也有出错的时候，所以，出错不是什么可怕的事情。我担保，如果你们当中谁将来要当作家，一定比这个作家更棒！你们相信吗？

孩子们欢呼雀跃。

（一）提问的类型①

1. 假设式提问

假设式提问是一种教师提出问题，幼儿进行假设思考和推断的方式，往往以“比如……”“如果……”等形式展开。通过假设式提问，教师可以了解幼儿的先前经验和思维水平，有利于促进幼儿联想和想象的丰富发展。

2. 推理式提问

推理式提问是教师根据幼儿的经验储备，用清楚明确的语言引导幼儿完成一项较简单的操作或探索活动后，引导幼儿主动思考和积极探究问题，使幼儿能用类似的方式得出问题的答案。用推理式提问时切记问题不可太深太难，不可直接告诉幼儿答案。

3. 递进式提问

递进式提问是一种教师根据幼儿的知识经验和回答，巧妙地将一些复杂的问题层层分解和简化，让幼儿由浅入深地思考问题，得出结论的问题方式。这既能培养幼儿善于思考的习惯，又能使幼儿掌握解决问题的方法。

4. 总结式提问

总结式提问是一种教师引导幼儿观察和了解某些问题或现象，让幼儿自己进行适当概括，最后得出结论的提问方式。此方法有助于锻炼幼儿的概括能力，帮助幼儿对已有知识经验进行归纳和综合思考，培养幼儿的口语表达能力，增强语言的条理性。

5. 开放式问题

开放式提问是一种教师提出比较概括、范围较大的问题，对回答的内容限制不严

---

① 郭丽．教育活动中教师提问与回应的策略［J］．幼儿教育，2010（3）：10-11.

格，给幼儿充分自由发挥的余地。此种提问比较宽松，不唐突。因方法和结论的开放性，允许幼儿结合生活和经验充分自由地发挥想象，答案呈现多元化，拓展幼儿的思维。与封闭式提问不同，没有条件的局限性，方法和结论不存在单一性。

案例导入

理解词语：　五颜六色

师：看，这只孔雀和其他孔雀是不是不同？

幼：是。

师：这只孔雀身上是不是有很多颜色？

幼：是。

师：小朋友们知道吗？有很多颜色，可以用“五颜六色”这个词来形容。

幼：点头。（一脸茫然）

案例分析

上面的活动，教师主要采用了封闭式的问题提问。封闭式的问题有两个特点：一、对幼儿思维要求较低，答案固定“是”或“不是”；二、问题的答案有引导性，常包含于问题中。从上述案例，我们感受到教师的提问限制了幼儿的思维发展，幼儿对词语“五颜六色”的认识，只是停留在浅显的表面，而不明白深层的含义。

专家建议

针对上述活动，教师完全可以用开放式的提问。开放式提问有三种类型：(1) 询问事情发生的原因，以“为什么”的问题为主。(2) 询问时间的状态和幼儿思考的过程，以“怎么样”的问题为主。(3) 询问事实情况，以“什么”“谁”“哪里”等问题为主。开放式提问有两个功能：(1) 利于活动环节间顺利的过渡，与封闭式问题功能一致。(2) 促进幼儿思考，发展幼儿创造性和批判性思维。根据开放式问题的类型和特点，我对理解词语“五颜六色”做了如下尝试。

师：看，为什么这只孔雀和其他孔雀不同呢？

幼：因为这只孔雀身上有很多颜色，别的孔雀都是灰色。

师：那这只孔雀身上有哪些颜色呢？

幼：有黄色。

幼：粉色的。

幼：黑色的。

幼：白色的。

……

师：它身上有这么多颜色，我们可以用一个好听的词语“五颜六色”来形容，还有什么地方也是“五颜六色”的呢？

幼：我见过“五颜六色”的灯。

幼：我见过“五颜六色”的房子。

幼：我见过“五颜六色”的花。

幼：我见过“五颜六色”的皮球。

在调整后的案例中，我们看到了幼儿通过老师开放式的提问，很好地理解了词语“五颜六色”，通过主动思考，懂得了“五颜六色”的真正含义，而不是只停留在这个花孔雀身上的颜色就是“五颜六色”，别的就不是了，孩子们的答案也是五彩纷呈的。在教学中，教师应该多设计一些符合幼儿发展的开放式问题，提高开放式问题的比例，促进幼儿的积极思维，从而可以主动探究；同时把封闭式问题和开放式问题相辅相成，互为补充。

知识链接

提问的功能①

1. 启发思考，活跃思维

提问是各种活动的关键环节，也是诱发幼儿思考的重要手段。思维总是从提问、质疑开始的，能有效地调动幼儿思维的积极性，让幼儿成为问题的探索者，使求知欲由潜伏期转入活跃状态，从而积极地展开自主探究。

2. 激发兴趣，集中注意力

在幼儿园活动中，激发幼儿的学习兴趣，使他们集中注意力，并积极参与各种活动中，这样才能保证各种活动有序进行。通过提问的环节，不断给幼儿思维刺激，不断调整幼儿的注意力。

3. 沟通情感，获得反馈信息

教师运用提问与幼儿进行语言的直接交流，不但有助于沟通情感，创设融洽的活动氛围，培养幼儿的口头表达能力，而且也有助于准确、具体、及时地接收到来自幼儿的信息反馈，便于教师及时地调整与幼儿相处策略，使幼儿更加积极主动地参与到各种活动中来。

① 吴雪青. 幼儿教师口语［M］. 上海：华东师范大学出版社，2012：231.

（二）幼儿教师提问准则①

1. 启发性

启发性即教师在充分了解幼儿“最近发展区”的基础上，激发幼儿的认知冲突，使其积极、主动地参与到师幼互动中。启发性是幼儿教师提问的灵魂，教师提问要有所“启”，幼儿才能有所“发”，才能做到激发幼儿的思维和回答问题的欲望。故事《小狼灰灰》中，教师提出“大家为什么都不愿和小狼玩?”“为什么小狼不会游水还要跳下水去救小鸡?”等等，这些启发式问题可以帮助幼儿打开思路，积极开动脑筋，大胆回答问题。

提问灵活多变，应该根据活动目标，围绕内容，根据实际需要，采取直问、曲问、反问、激问、引问、追问、评论、强化、延伸和扩展等教学手段，使提问不呆板，不落俗套，激起幼儿的兴趣和学习热情，从而使幼儿积极、主动、合作地进行学习。

2. 趣味性

趣味性即教师应创设一定的富有情境性并符合幼儿思维和发展要求的对话，让幼儿觉得好奇、有趣。喜欢“玩”是幼儿的天性，有趣的东西能使幼儿感到乐此不彼，而且对此富有兴趣和探究的耐心。教师的提问要充分利用幼儿的天性，激发幼儿探究的欲望和动力，使他们不断搜索问题的答案，参与师幼互动，响应教师的提问。

3. 发展性

发展性是教师要秉持着幼儿是个不断发展着的有机体，在提问时应符合幼儿的发展特点并富有一定的挑战性，让幼儿在解决问题中获得成就感。在每个阶段，根据幼儿发展的关键期和敏感期的不同，敏锐地察觉幼儿的“最近发展区”，关注幼儿达到的水平与预测可能达到水平的差距，让幼儿在提问的过程中真正形成疑惑和探索的兴趣，从而促进幼儿经验的获得。

4. 整体性

整体性是教师在提问时，不应偏废其一，而应关注幼儿情感态度、知识技能、过程方法等全方位的整体发展需要，从而促进幼儿身心全面和谐的发展。对于全班幼儿，教师不能偏袒一部分，要有目的地针对全班幼儿的不同情况，恰当地提问每个幼儿，争取使所有幼儿都得到不同程度的发展，获得整体性的提升。

5. 差异性

《纲要》中明确指出，要关注幼儿个别差异，促进每个幼儿富有个性的发展。差异性是教师应充分了解每个幼儿的发展特点，对发展较快的幼儿提出较有挑战性的问题，对发展较慢的幼儿提出较简单的问题，从而使不同层次的幼儿都获得发展，体验成功，促进每一个幼儿身心全面的发展。

---

① 康涛霞. 幼儿园集体教学中教师提问策略优化的研究［D］. 重庆：西南大学硕士学位论文，2011.

（三）提问的环节

一般来说，课堂问答包括发问（教师提问）、候答（学生思考问题和组织答案时教师的等待）、叫答（教师指名某位学生或小组回答问题）、理答（教师对学生回答问题后的反应和处理）。

1. 发问环节

此环节需要教师提出的问题一定是经过充分考虑的，有目的性针对性的问题，或者是教师希望检测幼儿哪方面的知识和能力，就提什么样的问题，不是随口而提出的问题。比如，教师仅仅是希望引起幼儿注意，可以问简单的封闭式问题："你喜欢喝这碗汤吗？"如果教师希望幼儿使用一些词语，可以提问："这碗汤的味道如何？"如果教师想借助这碗汤引出新的话题，可以问："喝这碗汤让你想起来什么？"等等。教师在提问时，一定要表述清楚以免幼儿听不懂而不会回答。

2. 候答环节

教师提问后要给幼儿一个思考的时间。提出问题立马要求幼儿站起来回答也是不合理的，要耐心等待学生主动回答。幼儿班级中经常出现老师提出问题后，幼儿抢着举手回答，等老师叫起来的时候，幼儿常常站着不知道该说什么。这里面存在一种可能，即幼儿根本不知道老师在提什么问题，或者没想明白老师提的问题该怎么回答，为了表现自己很积极，便举手抢答。

3. 叫答环节

叫学生起来回答也是有讲究的。叫谁回答？教师通常喜欢叫那些爱举手发言的，有的小朋友一节课被叫答几次，有的一次也不叫，需要引起教师注意。提问时为了了解孩子掌握程度，不能当任务，也不能根据个人喜好偏心某些孩子。

4. 理答环节

以往教师对幼儿的回答多数是"很棒""奖励个小贴画"或者"回答的非常好"，并伴随伸出大拇指或者鼓掌等动作。现在越来越多的教师开始对幼儿的回答进行多方面鼓励，比如鼓励幼儿表述完整、有勇气发言等。对于幼儿的回答，教师可以有多种形式的理答，包括可以重复幼儿的回答，目的在于使幼儿清楚自己的想法。总之，教师的理答以积极鼓励为主。尽量避免不了了之或强加意愿。以前常有幼儿的回答与预想结果不一致，或教师不能及时作出判断，往往含糊其辞，不了了之的情况。还有些老师不注意倾听幼儿的表达，或者为了按照教学计划，明明幼儿回答的是另一种意思，教师非要往自己设计的思路上拉。

二、师幼互动中的提问

教师提问作为幼儿园活动中的关键环节，对提高幼儿教育质量具有重要的意义和价值，那么教师该怎样提问，让师幼间进行有效的互动呢？

（一）提问的技巧

1. 观察是提问的前提

教师在提问前务必花时间与幼儿待在一起，使用镜像对话，表示你对幼儿在做什么感兴趣，提出问题前要弄清他（她）的思路。

2. 向幼儿发出信号

教师可以做出一些肢体动作，比如指着你的头或者假装开动脑筋的样子，让幼儿知道你要提出问题。

3. 要有耐心

教师提出问题后要给幼儿时间思考：你可以停一会儿，也可以对幼儿说“你思考一下吧，我等着。”“安静地想一会儿吧。”

4. 提醒你自己

教师可以在教室四周墙上挂上提醒自己的“提问开头语”标示牌：你注意到了什么？你是怎么解决的？它们有什么相同（不同）之处？使你想到了什么？

5. 问题个性化

有些问题需要一个词来回答，有些问题需要几个或多个词来回答，而有些问题需要比其他问题进行更复杂的思考后才能回答。在选择问题时，要考虑幼儿的认知和语言发展水平问题，问题要与幼儿在那一刻感兴趣的东西相联系。

6. 提供支持

如果幼儿回答问题很浪费时间，你可以提供一些帮助，比如，给出几个答案让幼儿从中加以选择；或者给个暗示或线索；给出一两个词或者更简单的问题。

7. 肯定各种回应

针对不同的问题和情景，幼儿可能有不同的反应：茫然、害羞、挠挠头、告诉你一个与此无关的故事，也可能回答一个另外的问题，这时候都需要你给予充分的肯定。

（二）有目的地选择问题

教师要根据自己的需要对幼儿提出不同的问题。

1. 如果你需要幼儿快速、简洁回答，一两个词语就可以，你可以问简单的问题：

“你有几个手指？”

“你的球是什么颜色的？”

“你喜欢喝这种汤吗？”

2. 如果你需要幼儿有更多时间、更深的思考和使用更多词语，你可以问：

“你的小手在生活中是怎样帮助你的？”——幼儿就会看看自己手指，仔细琢磨如何拿笔画画、吃饭，观察手指的配合和动作

“你注意到你的球有什么特征？”——幼儿可能会盯着球，关注这个球的形状、颜色以及会跳起来等特点。

“这个汤喝起来怎么样”——幼儿可能想不起来这种汤的味道了，他（她）会再喝一口，细细品味一下，说出味道像什么等。

3. 如果你想让幼儿使用描述性语言，你可以这么问：

“你注意到了那个玩具的什么特点？”

“今天来学校的路上你看到了什么？”

“________看起来（摸起来/尝起来/闻起来）怎么样？”

“这两个球有什么相同之处？”

4. 如果你想让孩子深入思考，可以这么问：

“你是怎样决定把这些图片放在一组的？”

“老师拥抱你时，你有什么感觉？”

“你喜欢这个故事的哪一部分吗？为什么？”

“你是怎样解决问题的？”

5. 如果你想让孩子在熟悉和不熟悉的东西之间建立连接，可以这么问：

“像这样的事情以前在你身上发生过吗？是什么事？”

“这让你想到了什么（谁）？”

“以前你做过这样的事吗？”

“你还在什么地方见过它？”

6. 如果你想让孩子在熟悉和不熟悉的东西之间建立连接，可以这么问：

“像这样的事情以前在你身上发生过吗？是什么事？”

“这让你想到了什么？”

“以前你做过这样的事吗？”

“你还在什么地方见过它？”

“这是你想起了谁？为什么？”

【情境体验】

请10位同学到前面扮演教师，5个人一排，面对面站好，中间留出一定空间。一排同学手里拿着提问式语言的句子，另一排同学手里拿着启发式语言的句子。再请1位同学扮演孩子站在中间。扮演“孩子”的学生站在命令式“老师”跟前，听他（她）发出命令，听完一个依次往下走。“孩子”再次站到启发式语言的教师跟前，依次听“老师”发出启发式提问的语言。最后，请“孩子”说出自己分别听命令式语言和启发式语言后的感受、想法与决定。比如：觉得自己是个怎样的孩子、他们是怎样的老师等。再请扮演命令式和启发式语言的“老师”分享自己的感受、想法和决定。比如，觉得这是一个什么样的孩子？自己是一名什么样的老师？并请周围观察的同学分享他们看到了什么？比如，两组“老师”有什么不同？

	启发式语言	命令式语言
1	盘子要放到哪里？	放回盘子
2	椅子要怎么放？	推回椅子
3	出去前需要什么？	穿上外套
4	要想不影响别人听课，我们该怎么做？	别动小朋友
5	想听到老师讲话，该怎么做	安静

（三）问题的分类

1. 方向性问题

要联系幼儿的生活、认知经验，抓住目标，追问层层深入，善于提问的教师能激发幼儿的学习兴趣，诱发幼儿的创新意识，提高学习水平与质量，完成学习活动目标与任务。

案例导入

各种各样的报纸

背景：

在“各种各样的报纸”活动中，目标有两条：一、了解生活中有各种各样不同的报纸，和同伴分享交流自己了解到的报纸的信息。二、尝试运用已有经验为不同的人选择购买合适的报纸，体验报纸与我们生活的关系。因此在活动的提问设计上，教师紧紧围绕着活动的目标，通过层层深入的追问在分享交流中帮助幼儿了解更多的报纸，梳理不同的报纸与人们的关系。

事件：

活动开始，教师用一句话说出了开场白：“前一阶段，我们小朋友都在收集有关报纸的信息，现在请大家介绍一下你知道有哪些报纸？”幼儿们一个个地介绍起来：“我知道有《新民晚报》《新闻晨报》《老年报》。”“我知道的报纸有《文汇报》《青年报》《小青蛙报》。”“你们知道的报纸真不少呢，而且说的都不重复，真厉害，还有谁能说说别人没说到的报纸吗？”一个男孩说：“我知道有《足球报》。”教师马上追问：“《足球报》谁喜欢看？”一个回合之后教师话锋一转，又追问：“你们还知道什么很特别的报纸呢？”两个男孩说：“我知道有《围棋报》的，我每天看的。”教师跟着幼儿的话追问：“谁来告诉我们《围棋报》的秘密啊？”等幼儿把经验分享之后教师又问：“《围棋报》能够帮小朋友学习，还有什么报纸也可以帮大家学习的？”

案例分析

这里的追问和提问来自幼儿的经验，对于《足球报》的提问突出了报纸针对的人群；《围棋报》的追问把幼儿的疑问抛给大家来解答，既了解了报纸的用处有很多，又体现了《围棋报》的特殊性是可以帮助我们学习棋艺；“还有什么报纸也可以帮大家学习？”这个问题不仅体现出了报纸的作用，而且紧紧围绕着集体活动的目标，了解报纸与人们生活的关系。

2. 适宜性问题

教师要先解读幼儿，了解幼儿的当前需要、原有的生活经验和共有经验，在幼儿的经验和活动素材间架起桥梁。教师在分析原教材选择活动内容时，充分分析、解读幼儿，适当地微调活动目标，舍得放弃和剔除与幼儿生活经验无关的内容，让活动的材料更凸显目标中的难点、重点；或使用媒介（图片），让问题与幼儿生活经验更贴近，促进幼儿主动学习，积极思考。

3. 价值性问题

活动前教师应该针对幼儿的年龄特点和共性经验，尽可能地分析幼儿可能思考的答案，能提高教师回应的价值。同时教师应帮助幼儿就对内容的理解来展开讨论，而不是只做字句的重复，并灵活地利用幼儿的理解，把它与新知识联系起来。

4. 吸引性问题

在幼儿园的幼儿年龄小，以口头语言为主，在活动中主要靠有声言语和无声言语进行沟通交流。在活动中，教师根据活动内容、活动情景和幼儿的现有经验，用自然的、跌宕起伏、多变的语音语调、语言句式吸引幼儿，在活动中的问题会起到画龙点睛的作用。不过教师的问题要根据活动的不同需要、不同年龄特点的幼儿适当地转变提问的视角和问法，来推动师幼交融互动、经验共享，发现问题背后的实质。

案例导入

在幼儿园各类教育活动中，教师都会采用递进式提问。例如在社会教育活动“谁错了”中，师幼双方展开了下面的问答过程：

师：在刚才老师讲的这个故事中，谁要去山羊伯伯家做客呀？

幼：小鸡、小兔子、小猫……

师：它们都是怎么跟山羊伯伯打招呼的呢？

幼：小兔对山羊伯伯笑笑，小鸡问山羊伯伯好，小猫……

师：你们觉得谁最懂礼貌呢？谁做得最不好呢？（幼儿各抒己见。）

师：如果你是山羊伯伯，你最喜欢谁呢？为什么呢？小朋友去别人家当小客人的时候，应该怎么做呢？

案例分析

递进式提问的实质就是对复杂问题的层层分解和简化，让幼儿由浅入深地思考问题，最后得出结论，既培养幼儿勤于思考的习惯，又使幼儿掌握解决问题的方法。在幼儿园各类教育活动中，教师都要采用递进式提问。

第五节 有效回应

一、回应的内容

（一）做出解释

瑞吉欧教师将与幼儿的互动认为是“接过孩子抛过来的球，是一种抛球——接球的过程”，在师幼互动中，教师不仅仅是问题的提出者、建议者、陈述者、调解者，同时也是对儿童问题的接受者、倾听者和反馈者。现实中教师在倾听幼儿的基础上也要有效地回应幼儿，同时还要观察、分析幼儿的反馈信息，对幼儿进行积极地帮助和指导。回应的第一步就是要对幼儿“抛过来的球”进行解释，不是对幼儿说的话进行翻译，而是在幼儿把信息传达给教师后再次确认幼儿的需求，看看自己是否真的明白了幼儿的需求，以免产生误会。

（二）回应感觉

情感包含在个人的“内在世界”中。师幼在相处过程中不仅传递着认知信息，还伴随着情感交流。情感交流的目的是为了达到相互理解、精神共享，使情感世界更加丰富的目的。教师要真正体会到幼儿作为独特的个体的需要、情感、态度，信任幼儿、尊重幼儿。教师在回应幼儿的时候，应尽量表现积极的情感倾向，克制自己的消极情感。回应时不仅确认幼儿的需求是否被理解，有时还要从幼儿的角度来体验幼儿的感受，从倾听者的角度对幼儿的感、知觉和体验产生共鸣，让幼儿觉得自己的情绪、情感得到了认可，从心理上就是对幼儿巨大的慰藉，幼儿会感觉到教师是真正关心他的，这才能真正达到互动的情感目的，从而使他们更积极主动地敞开心扉。

（三）回应意见

回应是指“答话”或“对某件事作出相应的回答或采取相应的行动”。① 在师幼互动情境中，（一个、几个或全体）幼儿对教师施动之后，教师做出的应答或反应；或者是以教师作为施动者，幼儿受动之后，教师做出的应答或反应。② 意见是人们对事物所产生的看法或想法。回应意见即是幼儿教师对回应及如何回应幼儿提问此事件的看法或想法。2001 年《幼儿园教育指导纲要（试行）》指出：“关注幼儿在活动中的表现和反应，敏感地察觉他们的需要。及时以适当的方式应答，形成合作探究式的师生互动”；“成为幼儿学习活动的支持者，合作者，引导者”；“创设一个能使他们想说、敢说、喜欢说、有机会说并能得到积极应答的环境”，因此，作为一名幼儿教师要关注自己的回应，提高自己在复杂多变的教育情景中，捕捉教育契机和把看似不重要的事情转成富有教育意义事情的能力，提高自己的教育机智，促进专业素养的发展；同时积极地回应能够关注教育的对象性，用更多的眼光关注幼儿的状态，关注每个孩子的发展。无论幼儿如何回答，即便回答不在教师的预料范围内，教师也不能不予理睬，要在看似错误的回答中抓住亮点，建立联系，给孩子创设想说、敢说、喜欢说、有机会说并能得到积极应答的环境。

当幼儿思考问题思路偏了时，教师应抓住有意义的信息，调整提问，提高活动的实效性；当幼儿没有梳理好自己的思路时，教师应在尊重幼儿的前提下，顺着幼儿的思路，梳理后再还给孩子；遇到幼儿回答的问题与教师问的不一致时，教师可利用小朋友的话追问下去。遇到幼儿冷场的时候，教师不能给予批评，而是要想想怎样帮助幼儿圆场；当幼儿的回答正确、清晰时，教师可用一句话来帮助幼儿概括其表达的意思，然后继续引导。

（四）综合处理

在一日生活中，幼儿教师对幼儿问题的回应，要关注幼儿的年龄及身心发展特点，注意与幼儿的自身经验接轨，以自身经验为出发点，关注幼儿经验背后的价值，并找出幼儿的兴趣点，激发幼儿的学习兴趣，并帮助幼儿主动地建构新经验。面对回应时，幼儿教师不能采用单一的方式，可以采用多种方法综合处理，提升幼儿的经验，从而形成“质”的飞跃，使活动更有效。

二、回应的方式

回应是指教师对幼儿的回答进行反馈。教师的理答反应直接关系到幼儿回答问题时的积极性，影响到课堂上幼儿的参与是否成功，并影响教师的长期教学效果。提问本身

① 王同亿. 新世纪现代汉语词典［M］. 北京：京华出版社，2001：526.

② 刘英. 教师回应策略研究——基于师幼互动情境中［D］. 兰州：西北师范大学教育学院硕士学位论文，2008.

是一个师幼互动的过程：教师提问——幼儿回答——教师反馈，教师的理答恰恰是反映教师与幼儿之间互动质量的指标之一。实验表明，有效理答都直接与幼儿回答成正比关系，即教师的理答越是积极主动，越是持肯定、欣赏的态度，幼儿越是能主动、积极地参与学习活动中。

理答分四种类型：提供正确答案、追问、转问、澄清。提供正确答案仅在幼儿因为表达不清楚时可以提供正确答案帮助幼儿说出正确答案。当幼儿回答不正确或沉默时，可以尝试用以下三种方式回应：

追问：教师可以向回答问题的幼儿提出另一个问题以帮助他们回答正确或提升回答水平。很多时候，要说明原问题的重点或要引导幼儿取得正确或全面的答案，教师要追加好几个问题，从而提升幼儿回答的水平。

转问：即让另一学生来回答同一个问题。在学生回答错误但又不需要追问时，教师可使用转问。这种理答方式在幼儿教师身上经常使用，却很少考虑这种转问对不同幼儿的影响。对于成就动机很强的幼儿来讲，他们可能会觉得别的小朋友会，自己不会因而要更努力学习。但是，转问对于那些很爱面子的幼儿来说，他们可能感觉受到了伤害，觉得自己不如别人，从而导致其自我概念、学习动机、课堂参与积极性降低。所以教师要慎用转问。

澄清：即用不同的术语重新陈述同一个问题。当幼儿无法回答教师的问题时，常常是因为原问题的措词不当，幼儿没有理解。所以，教师要进行问题澄清使原问题变得清晰、简单或使幼儿关注问题的关键点，在使用澄清时应避免衍生出新的问题。

可见，教师的有效回应是师幼互动的前提，教师不仅要会提问，还需要会理答，真正使互动构成一个有机的系统。

拓展阅读

在对话中拓展幼儿学习的技巧

在与幼儿对话时，如果你花点时间做到到场和与幼儿建立联系，那么对话就变成了有力的互动。

1. 做个好的倾听者，对幼儿的言语和非言语表达表示尊重和欣赏。

2. 使用有趣的语言和词汇。避免使用儿语。不要急于简化语言。用正常的对话方式交谈。

3. 重复和理清幼儿说的话。避免公开纠正幼儿的发音和语法，相反，只需要对幼儿的话进行正确的重申或改述。比如，当金伯莉含混不清地说“电视”时，她的老师说：“噢，昨天晚上你看电视了吗？”金伯莉笑了笑说：“看了。”

4. 使用开放式的问题促使对话持续进行。比如，“请告诉我更多的……好吗？”“真的？接下来发生了什么？”“你看到了什么？”

5. 谈论幼儿感兴趣的话题。比如，“你去池塘了？这听起来很有趣！”“你的狗下崽了吗？”

6. 鼓励幼儿之间相互对话。让幼儿知道你很重视他们之间的对话。比如，“今天在加餐时间，你俩对足球进行了很长时间的讨论！”

7. 邀请其他幼儿加入你与某个幼儿之间的对话。比如，“汤米、菲利普和我们正在谈论我们最喜欢的冰激凌。我想知道你喜欢的和我们喜欢的是相同还是不同？”

8. 在小组谈论中引入“交谈伙伴”。比如，“与你的伙伴谈论一下，要保证你们都听到了对方的想法。”

——摘自 Amy Laura Dombro，Judy Jablon，Charlotte Stetson 著，王连江译：《有力的师幼互动》，中国轻工业出版社，2018 年版

本章小结

师幼互动是教师与幼儿双方共同参与，“敞开”与“接纳”的过程。这个过程如同教练与教员之间相互“抛球”与“接球”的过程一样，不仅需要彼此接住对方的球，还应该以适当的方式、方法给予回应，将球抛还给对方，只有这样才能促进师幼互动的有效性和连续性，保证互动的质量。幼儿教师口语是师幼互动中必不可少的重要工具，互动不仅是语言的交流也是情感的交流。师幼互动中教师口语的规范性、教育性、科学性、童话性是重要特征，幼儿教师口语的误区是伤害幼儿无形的利器，避免陷入教师口语误区带给幼儿的伤害才能保证幼儿健康的成长。师幼互动中教师的提问的技巧是教师与幼儿“抛球运动”的重要桥梁，教师要运用自己的教育机智学会与幼儿巧妙地对话，在“抛球中”增进感情引导幼儿发展。

基本要点示意图如下：

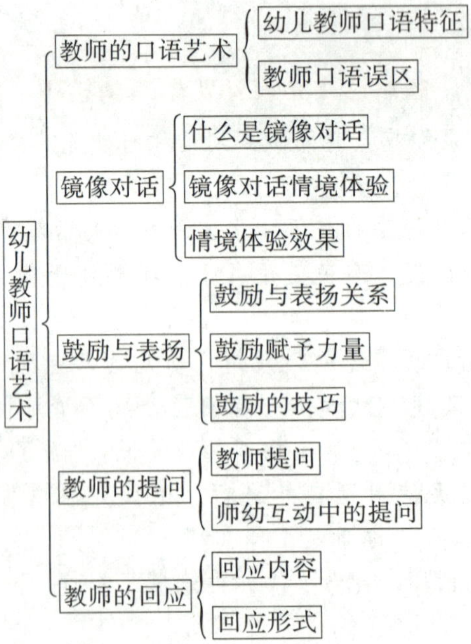

思考题：

1. 请分析《灰姑娘》的课堂设计中，教师的提问使用了哪些提问策略以及哪些提问类型。

2. 幼儿教师口语的误区中，你认为哪种在幼儿园出现的较多，应该怎么避免？

3. 幼儿教师提问的准则以及如何在师幼互动中提问？

4. 在师幼互动中教师如何恰当地回应幼儿？

推荐阅读 1

《如何说孩子才会听，怎么听孩子才肯说》通过一系列实用有效的方法，帮助你和孩子建立起一个能够快乐交流的平台，使孩子变得不同寻常地愿意与父母配合。

为了建立这个快乐沟通的平台，围绕“如何说”“怎么听”，作者从六个方面进行了探讨和实践：1. 帮助孩子面对他们的感受；2. 鼓励孩子与我们合作；3. 代替惩罚的方法；4. 鼓励孩子自立；5. 恰当地赞赏孩子；6. 让孩子从角色中释放。尤为可贵的是作者清晰简洁地创造了一套操作方法，给出了实现这六个方面的 30 种技巧，辅以大量的常见场景和问题加以说明，并配有相应的练习题，让父母可以把这些技巧烂熟于心，灵活运用，随时应付各种情况。

推荐阅读 2

父母可以帮助孩子成为一个品质高洁的人，一个有着怜悯心，敢于承担责任和义务的人，一个有勇气、充满活力、正直的人。光有爱是不够的，洞察力也不足以胜任，好的父母需要技巧，如何获得并使用这些技巧就是这本书的主要内容。这是一个实用的指南，给所有面临日常状况和精神难题的父母提供具体的建议和可取的解决方法。它还给出一些从基本交流原则生发出来的具体建议，指导父母在跟孩子相处时要彼此尊重。

第五章 师幼互动之肢体语言

在面对面交流中，55%的情感内容是由非语言的暗示表达的，比如面部表情、姿势、体态等，38%的内容由语调表达，只有7%的内容是用语言说出来的。

——阿尔伯特·麦拉宾

肢体语言对教师帮助学生保持较长时间的注意，以便完成任务来说，不失为一种强有力的措施。

——美国心理学家罗伯特·布鲁斯

学习目标

1. 本章导读：作为一名幼儿教师，执教的对象为3—6岁的幼儿，在教学过程中教师要针对幼儿的年龄、心理和生理特征，采取形象、生动、新奇、有趣的方法，充分调动各种感官，引起幼儿兴趣、吸引幼儿注意力，才能提高师幼互动的效果，其中运用肢体语言来进行教学就显得尤为重要。肢体语言是传递信息、增加表达效果的一种重要辅助手段，是激发幼儿学习兴趣的有效途径之一。教师可以通过手势、眼神、面部表情等无声语言对幼儿加以教学暗示，达到无声胜有声的良好互动效果，从而提高教学活动的质量。正如20世纪50年代那位研究肢体语言的先锋人物阿尔伯特·麦拉宾经过研究发现的那样，利用肢体语言交流的信息超过了一半，对传递信息时有着十分重要的作用。幼儿教师如果能在教学中运用明确、丰富的肢体语言进行教学，让幼儿的视觉与听觉相结合，就会有助于幼儿主动学习、获得知识和技能等。
2. 教学重难点：重点：了解肢体语言（体态语）的含义，幼儿教师常见的几种体态语。难点：在师幼互动中的应用以及应当避免的体态。
3. 教学课时：16课时。

第一节 教师的身姿语

肢体语言（body language）又称体态语，是指非词语性的身体符号，经由身体的各种动作，代替语言以达到表情达意的沟通目的。广义的肢体语言包括目光与面部表情、身体运动与触摸、姿势与外貌、身体间的空间距离等。① 狭义的肢体语言只包括身体与四肢所表达的意义。

师幼互动中教师常用的体态语有：身姿语言、目光和面部表情、手势、空间语言。

知识链接

教师体态语的作用

1. 有助于良好的互动

师幼互动时，幼儿有时会依赖非语言的互动方式来表达他的情感与想法，即使不说话，幼儿也可以凭借教师的体态语来感知教师的情感取向。

2. 有助于幼儿理解教育意图

3—6 岁幼儿的思维是以具体形象思维为主，教师的言传身教水平，也就是体态语能力的强弱影响幼儿对教育意图的理解，进而关系到教学质量的高低。

3. 提高幼儿的注意力，有助于信息的传递

幼儿还不能对事物进行有组织有目的的注意，且易受无关事物干扰。如幼儿很可能一会儿玩这个玩具，一会儿又要另一个，将玩具扔得满地都是。幼儿语言敏感期来自适当感官肢体的具体学习。研究显示：幼儿年龄越小，注意力集中时间越短。2 岁幼儿的平均注意力集中的时间长度为 7 分钟，3 岁为 9 分钟，4 岁为 12 分钟，5 岁为 14 分钟，如果教育方法得当，6 岁幼儿可以保持 20 分钟的稳定注意。

4. 有助于发展幼儿的记忆力

以无意识记为主的幼儿，极大程度上依赖于对象的外部特点和他们的兴趣，直观、形象的事物易引起幼儿的无意记忆；有兴趣、能激起强烈情绪体验的事物，已被幼儿记住，并能长时间保持。

5. 有助于情感交流、激发求知欲

面带笑容，给幼儿投去鼓励、信任的目光，幼儿就会开动脑筋扩散思维，课堂

① 汪丽芬. 体态语在教育教学中的运用 [J]. 当代学前教育，2012 (4)：14.

会有意外的惊喜和收获；摸幼儿的头顶，可唤起幼儿享受父爱和母爱般亲昵的潜意识，拉近师幼的心理距离；教师真诚的点头传达出赞赏和期待，能激发幼儿表达、实践的勇气；对遭遇了挫折的孩子，教师轻轻地拥抱，常常是他们信任老师的第一步，也是他们向老师敞开心扉的第一步。

一、身姿语的重要性

由于幼儿期是处于好动、好模仿的时期，他们无时无刻不在观察模仿教师的一举一动，获取各种信息和正负各方面的影响。教师的身姿直接影响幼儿一天的情绪，站立时端庄、挺直、精神饱满；坐下时上身前倾、头转向幼儿；以及张开双臂做拥抱状、蹲下平视孩子、手拉手等，都会让教师产生磁铁般的吸引力。《学记》说："亲其师，信其道。"孩子只有亲近教师，才能信任教师、尊重教师，才会相信教师所说的话，接受教师所传授的知识。所以，幼儿教师要恰如其分地运用身姿语。

二、教师的身姿语

幼儿教师常用到的身姿语主要有站姿、坐姿、蹲姿。

1. 教师的站姿与运用

（1）站姿

站姿，又叫立姿、站相，指人在站立时所呈现出来的具体姿态，通常是一种静态姿势。是人的最基本的姿势，也是其他一切姿势的基础。

（2）正确的站姿及表现

幼儿教师的站姿：挺胸收腹，两肩平齐，双臂自然下垂，微收下颌，双目平视，精神饱满，表情自然。

教师在幼儿面前应表现出优美、自然的站姿，给幼儿一种舒展大方、积极向上的印象。幼儿教师的站姿在稳重之中要显出活力，不要过于拘谨和呆板。教师在幼儿互动中时常走动，让自己离孩子的距离近一些，会使幼儿对教师产生亲切感，有经验的教师还会选择上身略前倾或弯腰的姿势与幼儿互动。

（3）错误的站姿及影响

错误的站姿，不但影响体态美观和身体健康，还会在师幼互动中造成消极影响。如：将身体的侧面或背面朝向幼儿，会使幼儿感到不被重视和受到冷落，使孩子的自尊心受到伤害；站立时，腿不停地抖动，容易使幼儿感到心烦意乱。

2. 幼儿教师的坐姿与运用

（1）坐姿

坐姿，即人在就座之后呈现的姿势，是一种静态造型。在与幼儿互动中，坐姿往往是教师采用较多的姿势。

（2）正确的坐姿及表现

幼儿教师的坐姿：头要端正，整个头部看上去，应当如同一条直线一样，和地面相垂直。

需要注意的是：教师在教室就座时，上身直立，最好不要倚靠在座椅的背部，身体也要端正；不坐满椅面，最合乎礼节的是占椅面的3/4左右；教师坐在凳子或其他物品上与幼儿互动时，高度应尽量与幼儿持平，目光平视；回答幼儿问题时，要抬着头；与幼儿交谈时，可以正向对方，或者面部侧向对方，不可以把头后部对着对方。端庄优美的坐姿，会给学生以优雅、稳重、自然、大方的美感，从而提升教学活动效果。

（3）错误的坐姿及影响

幼儿教师的坐姿杜绝把双腿叉开过大或把双腿直伸出去，这样既不雅观又妨碍幼儿活动；身前若有桌子，双腿尽量不要伸到外面来，以防幼儿摔倒；坐下时，不停地抖动或摇晃腿部，会使幼儿感到不安稳；手抱腿，本是一种惬意、放松的休息姿势，但在教室里不宜如此；上身趴伏在讲台上的姿态，显得无精打采，仰靠椅背，跷起并摇动二郎腿，都会给幼儿傲慢和随意的印象。幼儿教师在常规活动中应避免这些不良坐姿。

3. 幼儿教师的蹲姿与运用

（1）蹲姿

蹲姿是在特殊的情况下所采取的一种暂时性体态，由站立的姿势转变为两腿弯曲和身体重心下降的姿势。

（2）正确的蹲姿及表现

幼儿教师的蹲姿（图5-1）：上身挺直，肩自然下垂脖子伸长；手臂的肘部不要过分靠近身体；手放在大腿附近位置，膝盖合拢；踮脚，臀坐在升起的脚跟上，目光与幼儿平视。需要注意的是：要保持腿部内收的趋势，最好能够并拢，时间较长时，可以单腿甚至双腿着地以缓解疲劳；下蹲时，不要突然下蹲，会使幼儿不知所措，有时还可能发生意外；不要距离幼儿太近，以免幼儿产生紧张情绪，也能防止互相碰撞；在幼儿身边下蹲时，最好是与之侧身相向。

图5-1 正确的蹲姿

（3）错误的蹲姿及影响

错误的蹲姿，不但体态不美观，而且会妨碍师幼间的良好互动。幼儿教师应避免：在下蹲的时候速度过快；在幼儿身边下蹲时，没有尽量与之侧身相向；与幼儿同时下蹲时，忽略了彼此的距离，甚至发生迎头相撞的危险。

因此，教师在幼儿面前，腰板要挺直，保持美好的形象，站着或坐着时，身体都要端正，千万不可来回晃动或抖动双腿，要尽量正对幼儿讲话。幼儿教师的工作特点是要始终以饱满的热情、充沛的精力来影响幼儿。错误的站姿、坐姿、蹲姿等身姿语，不但影响体态美观和身体健康，还会对幼儿造成消极影响。比如，有的教师喜欢后背双手，有的教师喜欢双臂交叉在胸前，有的爱插在裤兜里，将身体的侧面或背面朝向幼儿等，长期这样可能会使幼儿的自尊心受到伤害，教师的这些姿态无意中会影响幼儿，也影响教学活动的效果。

案例导入

小班欣赏活动“高朋友和矮朋友”

起初我用纯语言的方式给小朋友们讲述故事，发现只有一两个小朋友能认真地听故事，其他的小朋友没有进入状态。随后，我对故事进行了动作的创编，讲故事时加上动作，并对两个角色进行声音语调的区别，下面附故事及动作说明：

从前，有一个人长得好高、好高。（踮起脚尖，身体和两手尽量往上伸）

他有一个朋友长得好矮、好矮。（蹲下，身体缩成一团）

矮个子叫高个子（两手合拢嘴前，呈喇叭状，抬头向上叫）：“喂！上面的高个子，你好吗？”

高个子也叫矮个子（两手合拢嘴前，呈喇叭状，低头往下叫，声音低沉）：“喂！下面的矮个子，你好吗？”

矮个子摘下帽子（蹲下身体缩成一团，假装摘帽子）说：“再见，我的朋友！”

高个子也摘下帽子（踮起脚尖，也假装摘下帽子）说：“再见，我的朋友！”

在这一过程中，我发现很多孩子逐渐把目光转向了“我”，并且在角色声音发生变化时还发出了阵阵笑声，极大地调动了孩子们的注意力和兴趣。在后面的活动过程中，孩子们不仅纷纷要求上来表演，还有很多幼儿不需要老师的提示仍能记住故事的对话内容，整个活动在孩子们的欢声笑语中成功地结束了。

案例分析

幼儿教师在发现孩子们对故事的反应不大时，及时做出调整，创编了相对应的动作，使故事形象起来，提高了孩子参与积极性，活动进行得很顺利。幼儿教师在组织教学活动时，要时刻关注孩子们的参与情况，并根据实际互动过程中幼儿的反应，采取相应措施。如在该活动中，教师运用丰富的肢体语言吸引幼儿的注意力，激发幼儿的参与热情，保证教学活动的有效进行。

三、身姿语的运用技巧

师幼互动中，幼儿教师在活动引入部分要尽量以站或坐的姿势进入活动的开展部分，当进入分组或是自由活动阶段，教师进行小组指导或是个别指导，走动的次数增加，并且必要时蹲下来，以便更好地关注幼儿的活动。

在教师坐着、蹲着与幼儿互动时，互动的持续时间一般较长，站着和幼儿互动时，则相反。区角活动、自由活动、体育活动等气氛相对轻松自由的场景中，教师倾向于蹲下来与幼儿互动，而在组织计划性较强的教学活动中很少采用这种互动方式。上身前倾势（弯腰）的互动则更多出现在生活活动、教学活动、过渡活动等活动中；坐姿倾向于发生在组织、计划性较强的教学活动中；站姿的互动出现频率是比较高的，尤其在对幼儿生活的照顾、教学活动等方面，在区角活动、自由活动、游戏活动等控制性较弱的活动中很少出现。

在互动的结果上，教师采用蹲姿互动时，幼儿的接受程度最高，教师也较易接受幼儿的互动行为；站、坐着与幼儿进行交流，幼儿的接受程度最低，其中以站更为突出，教师与幼儿都较易出现对对方发起的互动无动于衷的情况。

在互动的主题上，教师蹲姿和坐姿中教育性行为、情感性行为出现的较多；教师站或弯腰时，管理性行为出现较多，情感性互动出现得较少。

因此，在适当的情景下，教师只有“蹲下来和孩子说话”，师幼之间的互动才能更平等、更积极、更顺利。

案例导入

在一次晨间谈话时，张老师发现李梦阳不高兴，张老师就蹲下来耐心地和她说了会儿话，不一会儿李梦阳就高兴地去玩积木了，后来老师又看到王晓雨撅嘴很不开心，老师又蹲下和她说了一会儿悄悄话，王晓雨也笑了起来。小朋友们听到王晓雨的笑声，都跑到老师的前面来，老师就问："孩子们，有什么事吗?""没有事，就是……我们也想和你说说话。""为什么愿意和老师说话呢?"一个小朋友说："平时你比我高那么多，你蹲下来就和我一样高啦，就可想和你说说话了。"这件事，告诉我们教师在平时应蹲下来和孩子说话，会拉近我们和幼儿的距离，幼儿感觉到很亲切自然，逐渐愿意和教师说悄悄话。

案例分析

细心的教师发现有小朋友心情不好，主动走过去、蹲下来耐心地倾听并与幼儿沟通，帮助幼儿把心情平静下来忘却了烦恼，可见教师恰当的体态语至关重要。在不同的情境下，教师应恰当地使用体态语，如蹲姿，这一在幼儿阶段会较多运用的特殊身姿语，会拉近教师与幼儿的距离，有助于教师深入了解幼儿的内心世界，提高师幼互动的效果。

第二节 教师的面部表情

表情是肢体语言中最基本的一种。如果说眼睛是心灵的窗户，那么脸就是心灵的镜子。人的表情能够表达出丰富的内心世界，人们许多复杂的感情都暴露在面部表情上，它以最灵敏的特点，把具有各种复杂变化的内心世界，如高兴、悲哀、畏惧、愤怒、失望、忧虑、烦恼等情绪，最迅速、最充分地反映出来。它是最传神、最能表达丰富思想内容的交际辅助手段。

面部表情是人心理活动、情绪变化的晴雨表。幼儿与教师在每天的游戏与生活中培养了深厚的感情，而"眼睛是心灵的窗户"，很多时候，往往不需要语言，幼儿与教师就能互相从眼神和面部表情中判断出对方的反应。

一、眼神的作用

许多社会学家和心理学家在多次实验中早已证实，最能传达感情、进行交流的体态语言莫过于眼睛的语言，眼睛所传达的感情有时很深邃和玄妙，甚至为声音所不及。幼儿教师的眼睛应该是会说话的。眼睛里有丰富的语言，它往往比口头语表达得更充分，更直接，更神秘，更有诱惑力，眼神可以激起感情和情绪的交流。

一方面，教师可以从幼儿的眼神变化来判定幼儿是否在听讲、是否已听懂，眼神可以表露出内心情感、对事物的反应、心理素质等。

另一方面，幼儿可以从教师的眼神中得到暗示和警言。

幼儿常常能够在教师的眼神中找到某些答案，教师的眼神能够促使幼儿积极的思维发展，引起幼儿爱与恨的情感。在无声的特殊教育环境中，教师的眼神能发挥出无声的特殊功能，使二者在表达感情和意图时获得意想不到的效果。

二、教师的眼势语

通过眼睑的开合、眼珠的转动，可以组合成多种多样的眼势，传递出丰富的信息与情感。教师常用的眼势语有以下两种：

1. 环视

环视是指目光在较大范围内作环状扫描。在面向全体幼儿的活动中，教师可以通过在较大范围内的环状扫描、适度环顾来观察幼儿，全面了解幼儿的心理反应，随时调整自己的互动方式，组织好活动。若整个活动中教师无环视，就不能及时地了解幼儿，更不能有效地调动全班幼儿的学习情绪。

在教室内，环视一般用于面向全体幼儿；在教室外，多用于排队集合、开会等集体活动。

教师的环视一般用在以下几个时机：

(1) 在活动之前，幼儿在教室里或教室外排队集合时，若还未安静下来，运用环视能使幼儿集中注意力，并且这种静静的环视，远比老师声嘶力竭的叫喊效果要好。

(2) 在活动过程中，若教师提出了一个有难度的问题，暂时没有幼儿积极回答，这时运用环视，可以鼓励孩子们多动脑筋、充分想象，也有助于教师借助环视发现找到或接近问题答案的幼儿，并随时提问；教师也经常通过环视来观察幼儿在教学活动中的整体表现，促使幼儿认真听。

2. 注视

注视是指目光较长时间地固定于某人或某物。在师幼互动中面对面的交流中，注视较为常见。幼儿教师对幼儿的注视一般分为以下几种：

(1) 严肃注视

多用于与幼儿交谈、批评幼儿的不良行为时。这种注视的眼神集中在对方脸上，以双眼为底线、前额为上顶角的三角区域，视线一般要直，不能眼珠乱转，面部表情要严肃认真，目光锐利而不僵直。若要使幼儿认识到自己的错误行为时，严肃注视可能让孩子吐露真情。

从犯错误幼儿的角度来看，教师的眼神往往包括威严、信任、诚意、希望等诸多信息。

但严肃注视时不能侧目视之，不能眼珠乱转，要直视其三角区域。

面部表情要严肃、认真，若直视时却又带嬉笑，不但起不到辅助交谈的作用，而且会使幼儿感到老师很滑稽可笑。

案例导入

在一次教学活动中，洋洋开小差、做小动作甚至影响到其他小朋友，老师用“严肃注视”的眼神来指出：“快坐洋洋，现在是学新本领的时候，不能这样做，要认真哟!”这样，幼儿一下子就领悟到自己不正确的举止，马上纠正了自己的行为。幼儿捣乱时，教师投去严肃的目光，幼儿如同得到教师的提醒：“这样做是不可以的，请遵守纪律!”对幼儿的不良行为皱皱眉，幼儿就会感受到老师的威严，令不正确的行为在教师严肃的目光下纠正，起到“无声胜有声”的效应。

案例分析

在该案例的活动中，教师运用严肃注视的方法，引起了洋洋的注意，使他意识到自己的错误行为，并马上纠正了，为教师顺利组织接下来的教学活动做好了准备。但严肃注视的方法并不是对所有幼儿都能起到积极作用，尤其对一些初入园的、胆子较小、性格内向、年龄较小的幼儿要慎重使用，以免吓到幼儿。幼儿教师在平时的活动中应了解幼儿的个体差异和性格特征，以便在不同的情境下，针对不同类型的孩子使用合适的注视方式，达到良好的教育效果。

(2) 关注注视

教师在教学过程中运用的注视。这种注视的区域在对方的脸上，以两眼为底线、嘴为下顶角的倒三角部位。幼儿教师的目光以亲切、柔和、自然为主，表情不能过于严肃或过于随便，而且一般会与教师的教学语言紧密配合。目的是使幼儿感到被关注或得到鼓励、接受良性暗示等，这种注视能形成比较自然、和谐、融洽的气氛，使教学活动能顺利地进行下去。

关注注视在教学活动中的作用主要体现在以下两个方面：

一方面，能激发幼儿的思考和想象力。

例如，幼儿在回答问题时，一般总是盯着老师的眼睛，试图从老师的眼睛里发现对自己回答的反应。教师若面色柔和、目光亲切地注视幼儿的“倒三角区”，会使幼儿感受到鼓励和暗示：你的回答很不错，继续动动脑筋，肯定能回答得更圆满；教师若面色严肃地注视着幼儿的“正三角区”，则会使幼儿感到紧张不安，不敢大胆地思考，也不能激起幼儿丰富的想象力。

另一方面，能促使幼儿认真地听老师讲。

对一些比较乖而又偶尔有小动作的幼儿，教师只要目光柔和地注视片刻，就会使幼儿感到羞愧并转而集中精力认真地听。但对那些一贯调皮的幼儿应使用“严肃注视”。

（3）亲密注视

教师的注视区域在以对方两眼为底线、下顶角为胸部的倒三角形部位，它主要用在与幼儿进行个别谈话时（以批评为目的的谈话除外）。愈是年龄小的幼儿愈需要运用亲密注视，这样会给幼儿一种如同亲切、慈祥的父母的感觉，使幼儿越发感受到体贴、关心，产生温暖效应，从而更有利于开展活动。

但注意运用亲密注视是真正发自内心、出乎真情，不矫揉造作、故作亲密。此外，还必须注意幼儿的年龄和性别差异。

此外，教师期望式或激励式的注视能起到以下作用：

期望式的眼神能调动一些内向的幼儿，使他们也能感受到老师对他们的关注，使他们不受冷落。通过期望式的眼神，激发幼儿学习的主动性和积极性。“试试看，老师相信你会行的！一定会成功的！说错了也没关系！”在老师无声的支持下，幼儿会渐渐地变得更自信、更大胆。这种目光能使幼儿受到鼓舞，体会到教师的深情厚意，从而对幼儿的言行起着积极的强化作用。

激励式是最适合组织集体教学活动的，可使每个幼儿感到自己处在教师的“注意圈”里。教师注意幼儿的感觉，幼儿自然就会看着老师，听着老师的讲话，想着老师的提问，调动孩子发言的积极性；另外，教师通过幼儿的发言，能及时了解幼儿学习和掌握的情况，以便及时调整自己的教学方法。如：老师在提出一个问题后，就向幼儿传递激励发言式的眼神，“谁来试试看，勇敢点、自信点，说错了没关系嘛。”用眼神表达出对幼儿行为的赞同、默许，用以传递表扬的意思，幼儿的心里会像吃了蜜一样甜，并且会继续好好表现。在这样的教育环境中，教师的眼神能起到良好的互动效果。

3. 教师应避免的消极眼神

幼儿教师应尽量避免使用的消极眼神大致有以下几种：

垂视：眼睑低垂、目光指向地面，使幼儿感到教师“拒人千里之外”，无意与自己沟通。

漠视：毫无表情地，或冷淡、冷漠地注视孩子，使幼儿产生自卑感。

侧视：又称“斜视”，感到教师对自己有鄙视和轻蔑的感觉。

盯视：目光不流转，甚至伴随瞪眼、不眨眼睛，在带有一定威慑力的同时还很容易引起幼儿的不安和害怕。

怒视：在瞪大眼睛盯视的同时伴有眉毛竖起、牙齿咬紧等愤怒表情，如果再步步靠近，有可能称为“逼视”。这种眼神会引起孩子巨大的恐惧，对他们的心理产生伤害，同时，可能引起幼儿严重的对立情绪，甚至发生冲突。①

① 屠荣生，唐思群. 师生沟通的体态语艺术［M］. 北京：教育科学出版社，2007：106-107.

三、眼势语的运用技巧

在师幼互动中，教师要有意识地用眼神交流，用眼神表达内心的情感。教师的眼神能促使幼儿积极思维，引起幼儿爱与恨的情感，其无穷的变化表述着教师的种种思想、情感和希望。教师合理地运用眼神会收到事半功倍的效果。

在活动中，很多双眼睛望着老师，幼儿耳朵听、脑子想，眼睛将所有的情态与结果都表现出来。眯着眼睛、眨眨眼睛、瞪大眼睛、转动眼睛、眼直、眼正、眼斜、眼呆，诸如此类，都是幼儿对教师做出的反馈信息，反映他们在学习时或思或愣，或懂或蒙，或喜或厌，或爱或憎等心理活动。一方面，适度环顾，通过观察幼儿的眼神、表情等，全面了解幼儿的心理反应，以便随时调整自己的互动方式，组织好活动。另一方面，有目的地注视，把目光较长时间地停留在某一个幼儿的身上，并进行观察和指导，有针对性地启发、诱导、表扬和鼓励。教师合理地运用眼神会收到事半功倍的效果。

四、面部表情

罗曼·罗兰曾说：“面部表情是多少世纪培养成功的语言，比嘴里讲的更复杂到千百倍的语言。”微笑虽无声，却诠释了一个幼儿教师“为人师表，礼貌待人”的良好形象。面部表情是反映人们内心情感的一面镜子，运用面部表情可以进行情感的交流。如给幼儿讲故事，讲到开心快乐的时候，会眉开眼笑，容光焕发；表达气愤时，会面色铁青，横眉瞪眼；表达悲伤时会面容凄凄，眉目低垂；表达蔑视时会嗤之以鼻，不屑一顾等。启发幼儿提出的问题时，运用肢体语言，往往会收到预期的效果，当提出一个问题后，可做出思考这个问题的表情，这时许多幼儿会随着教师的思考而进入思考状态，又会随着教师的启发而找到问题的答案。在师幼的情感交流中，要充分调动幼儿的感官，帮助幼儿在自主、愉快的气氛中获得知识、技能，这样既培养了幼儿思考问题的能力，又能使教学活动顺利进行。

五、面部表情的分类

在日常的互动中，幼儿教师经常用到的面部表情主要有以下几类：

1. 关注、饶有兴趣的表情

这种面部表情的状态是：眉毛微微上扬，双眼略睁大，常伴口部微张、嘴角上翘。

良好的师幼互动的前提在于教师对幼儿及其活动的关心和重视。这种面部表情不但体现了教师对学生的关爱、重视，而且含有鼓励、表扬的成分。这样使幼儿感到自己受到关注，幼儿会更加认真、积极地与老师配合。因此，这种面部表情被广泛应用，在互动中起到良好的效果。

2. 询问及疑问的表情

这种面部表情的状态是：询问的表情是眉毛上扬，眼睛略睁大，嘴角微张开，与表示关注的表情相似。

这种表情一般用于与幼儿谈话时询问某些情况，鼓励其说出真相，但这类询问常常是教师已经明白或猜中了问题的结果，只不过是有意激发思考和倾诉而已。疑问和询问的不同之处主要在于教师的问话表情往往以眉头微皱，微带否定性的声调为特征。用这两种不同的面部表情说这句话："今天的故事听懂了没有?"就可以体会出这两种问法的不同。

3. 满意和赞扬的表情

这种表情的状态是：眼睛略闭，嘴角上翘，浮出微笑，明显地赞扬时还伴有点头动作。

这是一种带有评价意味的面部表情，用于对幼儿良好行为的评价，并且，不管这表情是有意还是无意的，对幼儿具有同样的鼓励效果。

4. 亲切、友善的表情

这种表情的状态是：双目微眯，嘴角微翘，面露微笑。

这种亲切和善的表情是与幼儿建立并保持心灵接触的前提条件，是进入孩子情感世界的"通行证"，也是该幼儿教师在工作中的常态表情。在教学活动、谈心交流以及师幼日常交往中，教师都应使用这一面部表情，这也是教师工作中的常态表情。

5. 严肃认真的表情

这种表情的状态是：眉毛微皱，双唇较紧地抿在一起，眼睛略睁大。

除表达一些严肃、庄重的内容外，教师主要在对幼儿的一些不良行为进行批评教育时使用这种表情。使用这种表情时教师应注意：只能偶尔为一时特殊需要而用，教师如果终日严肃，难见笑容，幼儿不会喜欢与其接近，更难谈沟通；在批评教育幼儿时，要把严肃认真的表情与亲切友善的表情巧妙结合起来运用。

教师既要当"严父"，又要当"慈母"。一般是先"严"后"亲"，当然也可以根据实际情况，灵活组合应用。

6. 应避免的面部表情

作为幼儿教师，应当尽量避免这些面部表情：

强烈的愤怒：眉紧皱、眼圆睁、牙关紧咬致使双唇紧抿。这种表情很容易把教师的理性淹没，无助于解决问题。

明显的蔑视：眼微眯，嘴角下垂，嘴向一边撇去。这种表情会极大地伤害幼儿，应杜绝使用。

羞怯：最明显的表现是脸红，伴有手足无措、语言结巴等动作。新教师应注意防止出现这种情况。

除以上这些之外，可能损害教师形象的一些表情，如厌烦、无可奈何、委琐庸俗等表情也要坚决杜绝。①

六、面部表情的运用技巧

在幼儿教学中，教师若面带笑容地组织教育活动，幼儿就会感到亲切，愿意接受老师的教育，师幼关系融洽，教学效果好。相反，经常一本正经、面色阴沉的教师，会使幼儿望而生畏，甚至生厌，自然得不到幼儿的喜欢，直接影响教学效果。教师应做到和蔼、亲切、热情、开朗、常带微笑，而努嘴和撇嘴等则流露出不屑的意味，应尽量少用。

在互动气氛比较沉闷时，教师有意识地微笑，并适当地加一些手势，可以使气氛变得活跃起来。在与一位幼儿进行对话时，如果教师面带微笑，可以使幼儿的心情比较放松。

严肃的表情往往用于对活动气氛的控制。当幼儿不能控制住自己，到处乱跑时，教师可以用严肃的表情看着他，或是让该活动暂时停下来。一般情况下，这些方法是比较奏效的。整个互动由始至终，若教师的表情一直是严肃的，将会影响幼儿的兴趣与注意力。当然，教师也没有必要始终微笑，但是，适时的微笑是很有必要的。②

案例导入

大班里有一名幼儿比较好动，该幼儿自始至终都没能安静地坐上几分钟，同时不停地离开座位或插话提问，几乎搅乱了正常课堂秩序。这种情况在大班幼儿中确实是不多见的，老师几次单独与他交流，只是提醒他需要注意老师，要看老师的表情，这样就能及时地注意自己。可是有时他似乎完全忘记了老师说的话，于是我每次提醒他时都清楚地告诉他："我在微笑，说明你现在状态不错，要保持"；"我看了你一眼，撅起嘴巴作出'嘘'的动作，说明别人在回答问题，你要注意听"；"我看着你不说话，说明你可能是随便插话，也可能是影响别人了，要注意，赶快改正"；"我的脸上没有表情，但是眼神很严厉，就是你确实犯错误了，要立刻停止，想一想错在哪里！"大约两三次这样的反复训练后，他已经能够大致熟悉老师的表情动作。后来，我在观察他的同

① 屠荣生，唐思群. 师生沟通的体态语艺术［M］. 北京：教育科学出版社，2007：107-109.
② 吕艳芝. 教师礼仪的99个细节［M］. 上海：华东师范大学出版社，2010：102-103.

时还发现，他也开始对老师的面部表情产生观察兴趣。这是一个好信息，最起码可以说明该幼儿意识到，老师的面部表情与他上课的表现是有很大关系的，这对他的注意力、倾听能力的培养有好处！所以，发现他的状态很好时，老师就更加刻意地让他看到自己脸的正面，双眼温和地直视他并给予点头微笑或竖一下大拇指无声地表扬。渐渐地，他开始能随着老师的表情变化，进行行为上的调整，有时是挺挺小腰板，暗示我："我坐得多好，你高兴吗?"就这样在活动中不断地互动，经过一段时间后，他在课上能够不再随意离开座位，不停插话的情况也有所改善，逐渐地也可以在短时间内集中注意力。随着时间的推移，现在该幼儿与开学初相比，自我控制力已经提高很多。

案例分析

大班这名幼儿性格外向、比较爱动，不能安静地坐在座位上，爱随意走动，影响了老师，也影响了其他幼儿。老师几次与他交流仍然没有改变。后来，老师运用丰富的面部表情，吸引他的注意力，并且通过表情来暗示他当时的表现，他们运用面部表情进行了交流，使孩子进步很大。可见，教师面部表情在师幼互动中起到了积极的作用。

专家建议

幼儿面对老师提出的要求时，一般更加容易接受微笑温和的表情和正面鼓励，但在该幼儿身上，老师发现温和鼓励和严厉制止的面部表情，它们的作用都是较大的。这可能是个值得进一步研究的特例，但即便是特例，有一点是可以确定的，即有效使用富于变化的面部表情，丰富了师幼之间的互动形式，并且对幼儿的发展有着重要的推动作用。

第三节　教师的手势语

手是人类体态语中最重要的传播媒介，人们交往时不可缺少的动作，如：招手、挥手、握手、摆手等都表示着不同的意义。俗话说"心有所思，手有所指"，手的魅力并不亚于眼睛，甚至可以说手就是人的第二双眼睛。作为教师仪态的重要组成部分，正确地使用手势是教师必须掌握的。

知识链接

不同国家、 地区手势的含义

用手势表示数字时，中国人伸食指表示“1”，欧美人则伸大拇指表示“1”；中国人伸出食指和中指表示“2”，欧美人则伸出大拇指和食指表示“2”，依次伸出中指、无名指和小指表示“3”“4”“5”。中国人用一只手的5个指头还可以表示6~10的数字，而欧美人表示6~10要用两只手，如展开一只手的五指，再加另一只手的拇指为“6”，以此类推。在中国，伸出食指指节前屈表示“9”，日本人却用这个手势表示“偷窃”。

中国人表示赞赏之意，常常竖直大拇指，其余四指蜷曲；竖起小指则表示蔑视。日本人则用大拇指表示“老爷子”，用小指表示“情人”。在英国，竖起大拇指是拦路要求搭车的意思。在英美等国，以“V”字形手势表示“胜利”“成功”；在亚非国家，“V”字形手势一般表示两件事或两个东西。在欧洲，人们相遇时习惯用手打招呼。正规的方式是伸出胳膊，手心向外，用手指上下摆动。美国人打招呼是整只手摆动。如果在欧洲，整只手摆动表示“不”或“没有”之意。在希腊，一个人摆动整只手就是对旁人的污辱，那将会造成不必要的麻烦。总之，与不同的国家、地区、民族的人交往，需要懂得他们的手势语言，以免产生误解。

一、手势语的作用

手势是语言的延伸，能够引导幼儿开发形象思维，对语言表达起到补充和强调的作用。幼儿教师若能充分运用手势语，不仅能丰富师幼互动的形式，使幼儿更好理解活动的意义，而且能激发幼儿的兴趣，提高幼儿参与的积极性，达到事半功倍的良好效果。

二、教师的手势语

作为教师常用的符号性体态语言，使用数量较多的是指势语、掌势语、臂势语。运用手势要讲究艺术性、明确、精练、自然、活泼。手势变化形态多，表达内容丰富，具有极强的表现力和吸引力。向上的手势多表示积极、肯定、张扬、振奋的意思，如竖起大拇指、握拳、鼓掌等；向下的手势多表现憎恶、鄙视、压抑、否定等意义，如向下指点、摆手、搓手、摊手等；手抚是爱、手指是怒、手搂是亲、手捧是敬、手遮是羞，等等。

1. 大拇指的运用

(1) 竖拇指

攥拢拳头，拳面向前拇指向上挺起，可以表示佩服，或者表示罕见的、在某一领域内首屈一指的。互动中多用来表示肯定、赞扬幼儿的表现，是一个积极的体态信号。如教师提出有难度的问题，得到了幼儿圆满的回答，教师在除口头赞扬外可辅以竖拇指的动作，必须和面部表情密切配合，否则有应付或讽刺的意味；但切忌使用大拇指指向身体外侧并晃动几次的手势，因为这表达的是蔑视，会大大损害教师的形象。

（2）伸食指

食指是五指中除拇指外最重要的一根手指，和拇指比较，食指擅长较精确、较细致的动作。教师最常用的食指动作是攥拢拳头，伸出食指。这一体态可以因位置的不同、运动方式及指向的变化，而表达迥然不同的意思。如伸出的食指置于肩部前方，表示数字“1”；食指与嘴唇垂直并靠近嘴唇或与嘴唇接触，表示“请安静”“不要出声”等；食指指向目标，在指示准确后，食指还经常动几下予以强调，这种指示目的是引起学生的注意，集中其精力；幼儿教师在说些表示喜欢或亲密的话时，常伴有食指轻点学生额部的动作；还可以利用食指在空中划动，犹如在看不见的纸上写字似的，使幼儿产生好奇。

（3）V 形手势

并拢拳头，伸出食指和中指并分开，形成一个“V”形。V 形手势是模仿英文 victory（胜利）的第一个字母“V”，应注意的是 V 形手势表示“胜利”之意时，是掌心向外的，教师要正确使用该手势，如果掌心向内，在许多国家则带有侮辱的含义，如在澳大利亚、新西兰和英国。

2. 手掌的运用

（1）抬手

单手上抬，指向某幼儿，表示介绍、请求发言；双手上抬、掌心向上，除表示起立外，还在与幼儿交谈时可以表示自己的诚恳和信任。

（2）招手

特指手心向内的招手，是抬手动作的延续。抬手表示“起立”，招手则进一步要求“走过来”。如：抬手请孩子站立起来，然后邀请他到前面做示范，这时可以亲切温和地招手。

（3）挥手

挥手的动作使用普遍，其含义有告别、问候等，教师可以使用挥手来显示自己的亲切问候和号召力。

（4）手掌向下

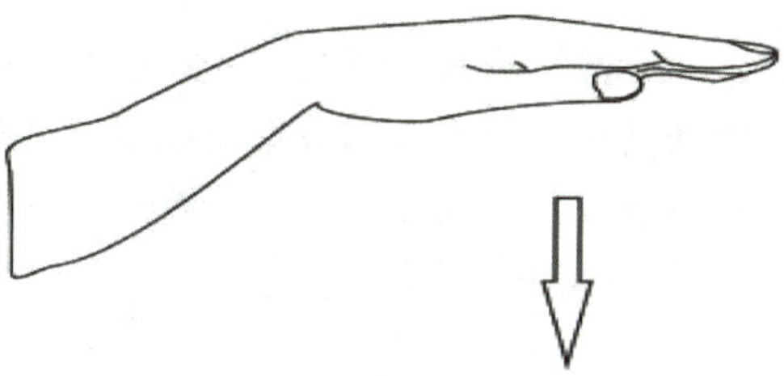

手掌平放，掌心向下按动一次或数次。单手下按主要用于组织教学，动作接受对象主要为个体，如示意幼儿坐下来；双手下按主要针对幼儿群体，其意义是要求幼儿坐下，引申意义是要求“停止做某事”。但运用时要注意幅度不可太大，力度也要适中。

（5）鼓掌

这是一种积极的体态信号，手掌自然伸出，两掌相击，并保持一定节奏。鼓掌的最基本含义是表示“赞许、肯定”，加上伴有的声音，产生巨大的激励效应。鼓掌还用来表示“欢迎”或“感谢”；在组织幼儿唱歌时用拍掌来增强歌唱的节奏；在嘈杂的教室击一两次掌来请大家安静。

（6）握手

握手时应伸出右手，不能伸出左手与人相握，一般都是单手相握。幼儿教师跟幼儿握手可以鼓励幼儿，这样可以很好地活跃气氛。

3. 双手与手臂的运用

（1）丁字手势

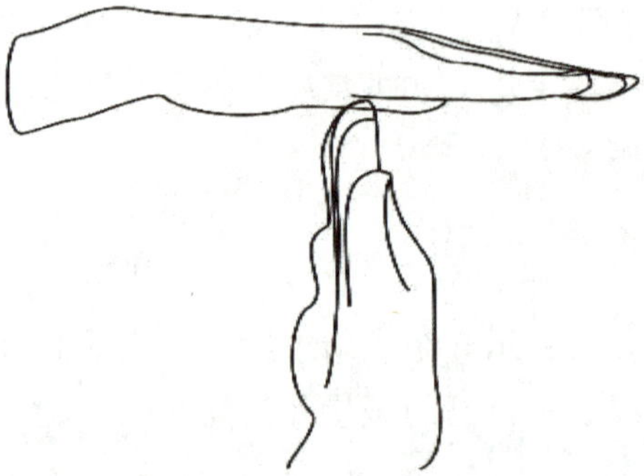

一掌放平，掌心向下；另一手五指并拢伸出，垂直向上顶在掌心，是掌势和指势的组合。这一符号性行为的固定含义是“暂停或停止”，普遍用于体育类比赛、竞争性游戏及日常活动中。

（2）双手、双臂前放

与幼儿谈话时，教师把双手随意相叠在身前或配以恰当的手势，幼儿会感到亲切、真诚与愉快。双臂交叉护置于胸前，无论对教师或幼儿来说，都是一种消极性的体态语，应该尽量避免。

（3）双手背后

教师把双手背到身后，会有盛气凌人、高高在上的感觉，幼儿教师不应该出现背手现象。亲切温和的招手，恰到其时的带头鼓掌等都是积极的体态语。讽刺性地鼓倒掌、双手背后、双臂抱胸前等都不会收到好的教育效果，教师要在不同的情境下选择适当的手势，避免使用不恰当手势带来的消极影响。

三、手势语的运用技巧

在师幼互动中，运动时为幼儿加油鼓劲会单手捏紧拳头用力下压；幼儿取得荣誉或进步时打出V形胜利手势；带领幼儿参与游戏时可以挥动一只胳膊；体育活动需要安静或静止不动时可以双手伸平下压；教师将两个食指相对并拢在嘴边，并发出“叽叽叽”的声音，幼儿一看就知道是小鸡等。

在教学活动中，首先要把幼儿的注意力集中在教师的面部神态上，用神态制造气氛，同时用手势指引幼儿，让他们在自己的指引下顺利进入角色。手势和神态结合起来，可以使幼儿自然而然地进入教学活动，这是教师组织教育教学活动的重要途径。如讲《白雪公主》的故事时，讲到皇后妒忌白雪公主比她美丽一千倍时，教师脸上的神态是凶恶的，手势是张牙舞爪的；在讲到七个小矮人和白雪公主一起生活时，老师的面部神态是幸福的、快乐的，手势也自然而然地抚摸着孩子们的头，让孩子们通过老师的表情和手势，感受着故事里的各种情感。

幼儿教师在工作中要善于运用手势语的多种形式进行交流。如清晨，天真可爱的孩子从一个个温暖的家来到幼儿园时，为了让孩子也体会老师对他们的亲近感，老师可以蹲下来拥抱并轻轻抚摸一下孩子或双手接过家长手中的孩子等。通过这种行为会使孩子们意识到，老师是喜欢我的，是爱我的，我也爱老师，听老师的话。家长与老师间的距离也一下子拉近了许多。

案例导入

一次，《老虎和黑熊》故事中要学习“抱、拔、扔、抓”等动词，当讲故事讲到老虎和黑熊抱在一起……老虎抓住黑熊的肩……黑熊把身边的小树拔了起来……把它扔得远远的时候，我边讲述，边用形象的动作演示，幼儿很快就理解、掌握了这些动词。

又如教中班诗歌《秋叶》，在学习小树叶飘下来的“飘”时，我用手势从高到低慢慢地摇下来，让幼儿感受“飘”的样子。我们在进行教学活动时，经常会有意无意地使用手势。如讲故事中小动物的外形特征时，就可以用手势来表达。将大拇指紧贴耳朵，其余四指张开做蒲扇状是小猪；双手平叠，手指并拢上下打开代表扁嘴小鸭；双手成爪状代表老虎；一根手指放在唇前配合声音是老鼠；双手合并伸平，大拇指一前一后，食指中指与其余四指分成上下两块，就是小狗或大灰狼；双手交叉合拢，胳膊伸直在胸前左右摆动代表大象。

案例分析

在以上的例子中，教师运用身姿语、手势语、面部表情和语言、情感的结合，使幼儿对生动形象的故事、诗歌听得津津有味，产生浓厚兴趣，不仅有助于孩子理解其含义，而且激发了幼儿对学习的渴望。

专家建议

在故事、诗歌等活动中，配合言语运用肢体语言是幼儿教师所常用的，它能形象地表达内容。教师要从一开始就注意使用肢体语言的规范性，确保幼儿能通过语言及动作理解其真正含义，以免误导幼儿。

案例导入

教小班幼儿学唱新歌《下雨的时候》，教师首先采用贴绒教具教学，由于孩子年龄小，而教具又无法做出表现教材内容的各种动作，两节课下来，幼儿只记住了第一小节。后来，教师采用肢体语言教学，要求幼儿与教师一起做出各种表现教材内容的动作，并一起朗诵歌词。在复述歌词时，幼儿总搞不清各种动物的出场顺序。于是，教师就让幼儿熟记各种动物的体态动作：双手握拳，伸直中指和食指顶在头上表示“小白兔”；大拇指和食指捏在一起，其他几个手指弯曲成握拳状放在嘴前表示“小鸡”；双手手指伸直，曲肘放在嘴前，手心向内，然后向两侧平拉开表示“小猫”；“看见”，就用一个食指指着眼睛；“前面”，就用食指指着前方；“说”，就让幼儿指着自己的嘴等。这几个动作再加上面部表情，按故事情节将歌词教给幼儿，很快幼儿就能分清哪种动物先出场，哪种动物后出场，什么动物说什么话了，也就掌握了这首歌的歌词。

又如儿歌《走路要学小花猫》既是语言的练习、又可以通过游戏的方式将走路的要求自然而然地传递给孩子。

儿歌及动作说明：

走路要学小花猫，（举起左手、右手，五指张开朝两侧打开）

脚步轻轻静悄悄。（脚尖踮起轻轻走并且保持一定的距离）

不要学那小螃蟹，（两手侧平，手指向下摇动）

横冲直撞真糟糕。（两脚向外弯步走）

坐着要学小白鹅，（昂起头，挺起胸膛）
挺起胸膛精神好。（双手放好，坐姿端正）
不要学那小青虾，（两手伸高身体躬起）
驼着背来弯着腰。（弯着腰驼着背）
唱歌要学百灵鸟，（双手张开放在嘴边）
迎着春风多美妙。（张开小嘴，头部左右摆动）
不要学那小乌鸦，（双手两侧飞舞）
张开嘴巴哇哇叫。（双脚走碎步，张嘴叫）

案例分析

肢体化的儿歌也可以有效地运用在生活常规的各项活动中。教唱新歌及节奏乐表演等活动只要教师合理编排好体态动作，幼儿就会学得既快又准确。这些手势非常简便直观，并且生动有趣，几乎让幼儿过目不忘。游戏活动中手势的运用也比较广泛，形象的体态语加深了幼儿对故事、诗歌、儿歌的理解及对人物的印象。运用肢体化儿歌的游戏活动方式，在轻松愉快的气氛中，使孩子们主动参与到活动中来，潜移默化地培养幼儿。在幼儿园的日常活动中，恰当地使用这些体态语可以极大地提升教学效果和师幼互动的有效性。

第四节　教师的空间语言

美国体态语言专家马兰德罗指出："通过空间的使用，人们传递出从地位、身份到兴趣爱好的种种信息。"空间语言主要指距离语言和位置语言，人与人之间的关系与人在空间位置上所保持的距离有着某种联系。在教学活动中，教师可以通过与幼儿的不同空间距离，产生较大的情感效应。

一、教师的空间语言

幼儿教师的空间语言一般由教师的身体指向、师幼间的人际距离、方位角度等几个要素组成。在师幼互动下双方面对面交流时，具体应注意以下几个方面：

1. 教师的身体指向

身体指向是指教师面对幼儿时的角度、方向和身体姿势，身体指向同样传递情感态度方面的信息。幼儿教师常用的身体指向有面对面、肩并肩、背对背和 V 形指向四种类型。

（1）面对面的指向

面对面的身体指向可以传递最丰富的信息，表示一种让正在进行的交流不被打断的愿望，交流双方的关系要么亲密、要么严肃。这是教师在教学活动中采用最多的身体指向。如，在教学活动中，通常是面对面的指向；师幼对话，通常也是面对面的指向。

（2）肩并肩的指向

肩并肩的指向是指师幼肩部成一直线，身体面向一个方向。这一身体指向多出现在师幼互动、游戏时，不仅拉近了师幼间的距离，而且凸显了师幼之间的平等。

（3）背对背的指向

它是与面对面的指向完全相反的一种身体位置。一般来说，它所表达的都是否定的含义。如，幼儿在不高兴时，会扭转身体，把背留给成人以示抗议。因而，幼儿教师不宜使用这一身体指向与幼儿进行交流。但教师在黑板上画画或挂图时，背对孩子不会产生消极影响。要注意时间不宜过长，以免幼儿走神，教师也可以在背对幼儿时跟幼儿说着话、唱着歌，或者交代幼儿做一些小事情，这样，幼儿不至于因为看不到老师的正面而失去秩序，只是恰当地运用了注意力的转移。

（4）V 形指向

V 形指向是指与幼儿以一定的角度相对。V 字形的指向最为灵活也最常用，可表达多种意思。如教师倾听幼儿发言时可采取 V 形身体指向。

在实际活动中，教师的身体指向是不断变化的，也使得我们很难用几种类型予以较全面的概括。因此，教师应根据教学活动的实际需要，灵活使用不同类型的身体指向。

2. 身体的倾斜度

倾斜度是指偏离平行或垂直的程度。在与幼儿面对面交流时，教师的身体适当向幼儿倾斜可以使谈话变得更融洽。但如果倾斜的角度在 75 度以上，则可能演变成一种压力，因为这样已侵犯了幼儿的个人空间，其表达的意思可能是："我不相信你"，"你最好讲清楚"，或"你最好同意"。如果要减轻压力，使他们能较为放松地与你交流，教师可向后倾斜一点，但不能向后倾斜太多，因为太向后倾斜会留下对谈话不感兴趣的印象。因此，幼儿教师要保持适当的身体倾斜度。

3. 师幼间的人际距离

人际距离是由人际关系的亲疏程度决定的，它能传达丰富的信息。爱德华·T·霍尔教授对人际距离进行了四种区域划分。这四种人际距离区域分别是：亲密区（50cm 以内）；个人区（50cm ~ 125cm）；社交区（120cm ~ 350cm）；公共区（350cm ~ 750cm）。①

（1）亲密区

在亲密区，各种感觉器官，如，视觉、听觉、嗅觉、触觉等器官都发挥作用，共同

① 李振村. 教师的体态语言［M］. 北京：教育科学出版社，2011：41-52.

传递信息。幼儿教师应利用自己和幼儿的亲密区，使其在教学活动中发挥良性效应。梅尔森教授1976年在一次实验中发现，3岁至6岁的儿童都能认为两人很靠近是“亲切”，两人距离中等是“帮忙”，两人距离远是“生气”。① 研究表明，幼儿对人际距离很敏感。据此我们认为，让幼儿进入教师的亲密区，可以使其感受到教师的关心与爱护。另外，教师也有意识地进入幼儿的亲密区，以示鼓励、安慰或称赞。师幼处于亲密区中会发生身体接触，一般用来表示爱、友谊或兴趣，这较之言语行为更具有影响力和感染力。如，幼师可以像慈爱的父母对待孩子那样，把幼儿拉到身边或拥抱在怀里，或背在背上，给予特别的关怀和安慰。这种接触所表达的感情信息胜过千言万语，极其有助于幼儿摆脱消极情绪。

（2）个人区

它又被人称为“谈话区”。在这个区域里，双方的举止、交谈比较随意。教师与学生的一般性谈话，大多保持在这个距离内。对幼儿教师来说，也可以采用个人区域的距离与个别幼儿谈心以及师幼之间一般性的聊天等。

（3）社交区

这是相识但又不太熟悉的人们从事交流活动的范围。谈话声音自然而响亮，因为谈话内容已不怕被别人知道。教师离开讲台，一般进入这一区域。这也是教师课堂教学中经常运用的一个区域。

（4）公共区

它包括所有类型的公众交流，如，演讲、法庭辩论等。在这个区域内，讲话声音一般较为洪亮，以便对方能够听清楚。教师站在讲台上讲课，即是在公共区域内活动。由于公共区域内的交流带有一定的规范性，如果教师站在前面讲，幼儿必须坐在下面认真听讲，不能走动的话，这种交流的感情色彩较差，教师应依据实际需要，不断变换、调整师生间的人际距离。通常在一节课中，可把时间的三分之一用在公共区内活动，三分之二的时间用在社交区和个人区内活动。但是，针对年龄较小的幼儿应适当增加在亲密区的教学活动。

4. 方位与角度

教师与幼儿在互动中各坐什么位子，互相处于什么位置与角度，直接影响到沟通与互动的效果。若教师坐在幼儿的右侧，身体倾斜至45度左右，教师的身体、目光指向并不朝向幼儿，而且身体还微微向后靠，这样的交流、沟通必定失败。然而，若教师的身体、眼神都指向幼儿，身体还微微地面对幼儿倾斜，幼儿也报以同样的体态，两人的实际距离亦靠得较近，这样的交流就较为顺利。

以上空间语言的几种要素需要有机配合起来运用，不能机械地理解和搬用。

---

① ［美］亚兰·皮兹. 人类行为语言［M］. 孙志刚，译. 哈尔滨：哈尔滨出版社，1989：24.

二、空间语言的运用技巧

幼儿教师要在不同的互动情境下，依据幼儿的年龄、性别、个体差异、师幼间的喜爱程度等灵活运用这些区域，尽量不要固定地站在一个区域内与幼儿互动。如，教师走向教室中间时，会觉得老师是在注视着他们，感觉自己一直置身其中；当走到幼儿身边时，幼儿会觉得很亲切，能更好地互动；当幼儿做小动作时，教师轻轻地走近他，表示提醒注意；而如果大家讨论问题时，教师可以靠近幼儿坐下，了解情况。这样，不但便于师幼间情感的沟通，而且会使教师带给幼儿的心理刺激强度不断变化，防止幼儿精力不集中，从而保证幼儿参与活动的兴奋程度。所以，教师不能停留在教室里的某一个地方，应及时调整与幼儿的距离和位置，组织好教学活动。

在幼儿园，常常可以见到小朋友依偎着、靠着、抱着老师，表现出无比的亲昵。但刚入园的小朋友，为了尽快消除他们的陌生感、紧张感，教师要运用一些身体接触，像拍拍小肩膀，摸摸小脸蛋，轻轻拥抱，帮助整理一下衣服等，以抚慰他们的情绪，使他们对教师产生感情，这也是顺利开展教学活动的前提。

又如，幼儿园小朋友不慎跌倒痛哭了起来，教师若进入亲密区，调整到适当的身体倾斜度，蹲下来，将他轻轻地扶起来，替他擦干眼泪，并对他说“你是个勇敢的孩子哦!”之类亲切、安慰的话，会使幼儿受到鼓励，也可能变得坚强起来。

知识链接

幼儿教师的最优化体态语有以下几类：

1. 亲情式体态：师幼零距离

亲情式体态特征：教师面带微笑，伴有与幼儿拥抱、抚摸、拉拉手、摸摸头、拍拍背、亲亲脸、梳梳头、理理衣服等动作。

此体态带有较强的亲情感，教师与幼儿的关系亲密，能让孩子在教师的亲密区内尽情互动，感受亲人般的情感互动体验，达到师幼心理零距离的效果。

2. 平等式体态：师幼“一样高”

平等式体态特征：教师与幼儿交流时弯腰、低头、下蹲、上身前倾、眼神注视、微笑。

平等式体态给幼儿的感觉是亲切、平等，丝毫没有教师高高在上的感觉，师生交往俨然是同伴与同伴的交流，能使幼儿敞开心扉，自然不拘谨。

3. 感染式体态：师幼更投入

感染式体态特征：教师用积极的情绪、夸张的动作感染孩子，让孩子得到心灵上的感应，形成积极向上的心理情绪。

感染式体态有较强的感染力，能产生涟漪式的情感效应、浸入式的渐进效果，使师幼达到双向投入的境界。

4. 回应式体态：师幼更融洽

回应式体态特征：由幼儿主动发起的体态互动，在亲密区和社交区内教师做出适当的体态回应，如眼神、注视、微笑、点头等。

回应式体态简单、便捷、面广、量多而有效，使教师与孩子在交流的刹那间，达到心灵的会意与沟通。

5. 示意式体态：师幼更默契

示意式体态特征：师幼达到默契无需解释的手势语，如招手、食指掩口等。

示意式体态简单、快捷，能使幼儿在看见的第一反应内心领神会，减少了语言语意差。

6. 巡视式体态：师幼更了解

巡视式体态特征：教师用目光巡视或来回走动，表情肯定或否定或动作辅助，适用于一日活动中对孩子的体态进行观察。

巡视式体态以教师观察为主，教师对在自然状态下的幼儿体态进行观察、记录、分析，以获得发起体态互动的第一手资料。

7. 鼓励式体态：师幼常激励

鼓励式体态特征：教师对幼儿竖大拇指、微笑、点头、拍手等。

鼓励式体态语对幼儿有极大的鼓励作用，能让孩子产生成功感，提高自信心。

8. 仰视式体态：师幼更贴近

仰视式体态特征：在与幼儿交流时，教师略低于幼儿脸部，仰视幼儿，幼儿俯视教师。

教师略低的身体，仰视的神态，让幼儿心理上产生一种老师在乎我的感觉，从而放松自己的心理。

幼儿教师要尽量使用最优化的体态语。教师只有以师幼平等的观念，真诚、亲切地与幼儿交流，才能使师幼互动更融洽。

本章小结

因 3—6 岁的幼儿是以具体形象思维为主，故师幼互动中教师肢体语言的恰当运用就显得尤为重要。作为传递信息、增加表达效果的一种重要辅助手段的教师肢体语言，幼儿教师可以通过手势、眼神、面部表情、空间语言等无声语言对幼儿加以暗示，既吸引了幼儿的注意力，又激发了幼儿的学习兴趣，有效地提高了师幼互动效果。本章就肢体语言在师幼互动中的身姿语、面部表情、手势语和空间语言的种类及运用技巧等进行了指导，并附相关案例以助于理解和运用。

基本要点示意图如下：

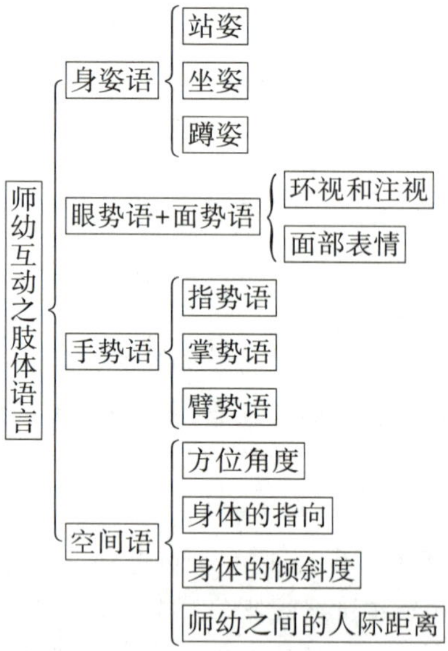

思考题：

1. 什么是体态语？它包括哪几个方面？
2. 教师应避免的消极眼神有哪些？
3. 试列举出师幼互动中教师常用的手势。
4. 教师的空间语言包括哪几个要素？
5. 结合实际谈谈你会如何在师幼互动中综合运用体态语，并举出一个实践中的成功案例。

推荐阅读

《蹲下来和孩子说话》

这本书通过一系列的教育案例说明了应该怎样拉近与孩子之间的距离，平等地对待孩子。书中所提到的蹲下来，对孩子来说是一种极大的关心与理解；是我们关心儿童内心世界的一种方式；也营造出一种民主和谐的相互尊重的关系。虽然这是一本亲子读物，但是作为幼儿教师的我们，蹲下来和幼儿说话也是相当重要的，它会更好地提升师幼互动的效果。我们只有蹲下来，才能看见孩子看到的画面；才能用孩子的语言和孩子沟通；才能和孩子对视，和孩子的心紧紧地“靠”在一起；只有心近了，你说的话，他才愿意听！

扩展训练

手指谣

“手指谣”是整合化动作的一种教育模式。它涉及儿童的动作、认知、情感、健康等内容，通过手指训练、言语指导等，不仅练习了儿童的精细动作，还能促进认知发展，增进积极的情绪情感与心理健康，使得身心获得全面和谐的发展。

手指上课

手指上课（两手五指相顶）。
大门开了（两手拇指分开）。
小门开（两手小指分开）。
二门开了（两手食指分开）。
后门开（两手无名指分开）。
中门也开了（两手中指分开）。
小朋友都进来了（两手十指交叉抱拳）。
教室门开了（两手拇指分开）。
老师走进来了（左手食指竖起）。
全体起立（交叉的十指全部伸展）。
坐下（两手十指交叉抱拳）。

报数

1（手形同上，右手食指伸出，然后立即放下）。
2（左手食指伸出，以下动作同上）。
3（右手中指伸出，以下动作同上）。
4（左手中指伸出，以下动作同上）。
5（右手无名指伸出，以下动作同上）。
6（左手无名指伸出，以下动作同上）。
7（右手小指伸出，以下动作同上）。
8（左手小指伸出，以下动作同上）。

第六章　不同背景下的师幼互动

假如大自然已下令，人类的婴儿期在所有动物中应该持续最久的时间，正如托尔斯泰所说的，那是因为大自然知道有多少河流必须跨越，有多少小径必须重新走过，大自然让成人与儿童有更正错误的时间，克服偏见的时间，幼儿可以掌握他们呼吸的韵律，重塑自己、同伴、家长、教师和这世界的形象。

——《儿童的一百种语言》

学习目标

1. 本章导读：本章教学内容主要涉及不同背景下的师幼互动，包括一日生活中的师幼互动，从幼儿入园前的准备、幼儿园一日活动计划、出园时师幼之间如何互动进行分别阐释；不同阶段的师幼互动，从入园初期的分离焦虑到入园的适应期，再到入园后的师幼融洽期，师幼互动角色的变化；不同区角活动类型中的师幼互动，从各个区角的特点展开，分别阐释师幼互动的不同方面及教育理念。本章从不同角度对幼儿与教师在互动中所涉及的方方面面进行，建议学习过程中，结合幼儿园实际情景进行理解。
2. 教学重难点：重点：了解一日生活的具体特点，正确应对；理解不同阶段的师幼互动，正确扮演教师角色。难点：针对不同的区角活动进行对应的师幼互动。
3. 教学课时：18 课时。

第一节　一日生活中的师幼互动

幼儿一日活动中更多地表现为教师与幼儿之间、幼儿与幼儿之间的互动。没有互动的幼儿教育是难以想象的，更谈不上是有效的。《纲要》指出：“教师应关注幼儿在活动中的表现和反应，敏感地察觉他们的需要，及时以适当的方式应答，形成合作探究式的互动。”来到一个全新的、陌生的环境，他们在心理上会产生较为强烈的分离焦虑而抗拒或哭闹。所谓分离焦虑，是指幼儿与自己的亲人分离形成的烦躁、忧伤、紧张、恐慌、不安等情绪，这是幼儿入园未适应期出现的正常心理现象。家长对幼儿在这个过程中出现的种种不良表现应给予充分的理解与支持，还应配合幼儿园做好以下工作：

一、入园前家访中的师幼互动

案例导入

2014 年 8 月 23 日，我们早早地来到了小刚的家里，小刚的父母工作非常繁忙，在家的时间不多。对于今天的家访，小刚的父母也因工作原因而缺席。家中照顾小刚的主要是小刚的阿姨和奶奶。看到我们时，小刚的眼里闪着好奇也夹杂着些许的害怕。据小刚的阿姨介绍，因为父母是做生意的，小刚很少在父母的陪伴下走出家门，因此很怕生。当老师亲切地告诉小刚要成为幼儿园的小朋友时，小刚情绪激动地跑开了，并躲在屋子的角落里偷偷观察起我们。老师走到他身旁拉起小刚的手玩起了拍手、开火车的游戏。小刚的情绪由紧张到放松，自然参与其中。临走时，小刚躲在门口用他大大的眼睛闪闪地盯着我们，也许他的心里正在想：原来这就是我的老师……

案例分析

这是我们在新小班幼儿入园前开展家访工作时做下的家访记录，通常小班教师最头疼的便是幼儿的入园焦虑。教师结合孩子入园的注意事项，开展入园前家访，提前与孩子和家长沟通交流，是有效缓解初入园幼儿分离焦虑、帮助幼儿尽快适应在园生活的有效策略。

当孩子准备上幼儿园并且报名后，有些幼儿园会安排老师定期到孩子家里进行家访。这时候，师幼互动就开始了。幼儿教师的家访更多地是和家长交流以便更好地配合幼儿园的工作。教师也要和幼儿适当互动，通常要达到以下目的：给幼儿留下亲切的印象，让幼儿看到老师不再有陌生感、恐惧感和不安全感。亲切的话语、温柔的拥抱和抚摸，和蔼的笑容、温馨的小礼物等都是教师的互动策略。孩子在入园时看到的是自己比较熟悉的老师，也不再紧张不安。

接下来结合自身多年实践，尝试回答以下问题：为什么把家访放在入园前？家访过程中老师应该怎样做？

1. 入园前家访的原因

（1）给孩子一次鼓励

将家访工作放在幼儿入园前，老师来到孩子熟悉的家庭环境中和他游戏、与父母交流，在这相对轻松的氛围里，大大降低了孩子对老师的畏惧和陌生感。而老师的到来，也让孩子对幼儿园的生活充满向往，给孩子心理以极大的鼓励。让孩子自信满满地走向幼儿园，走上他们社会化的第一步。

（2）给家长一份说明

在开学前，老师来到幼儿家中，给家长带来幼儿园理念的感染，让家长了解幼儿入园的各种注意事项。在老师与家长的亲切交流中，逐渐将相关信息传递给家长：幼儿入园分离焦虑是一个正常的过程，只有家园的有效配合才能帮助幼儿尽快适应幼儿园环境；孩子需要我们理智而有方法地去爱；幼儿教育不是一项立竿见影的事业，需要我们持久的关注并巧妙地给予教育促进孩子的成长。这些信息的传递，让家长在入园前就明晰了自己在幼儿入园中的重要作用和价值。

（3）给老师一个准备

在孩子入园前，老师有计划有目的地对班级幼儿进行开学前家访，对于教师而言，无疑是对新小班工作的开展提前做到心中有数。通过家访，老师对每一个孩子个体的把握、对后续教育措施的跟进、家园工作的起步都有了充分的预设。

2. 家访中进行师幼互动的尝试

老师对入园前幼儿进行家访，是有目的有计划实施教育的一种具体措施。在家访过程中，我们秉承教育的专业性，提出“一听、二看、三关注”的家访原则，围绕家访重点，与家长沟通和孩子交流，实现家访的重要意义。

（1）一听

幼儿入园前，大多在家中由家长抚养。家长的抚养方式、对待教育的观点和态度直接影响着孩子的成长与性格养成。在家访过程中，我们围绕幼儿 0—3 岁在家的抚养方式、幼儿情况专注倾听家长和孩子的介绍。

在家访的过程中，通过对话，老师逐渐了解家长们眼中的孩子。“请问 0—3 岁抚养孩子的主要家庭成员有哪些？孩子的特点是什么？孩子要上幼儿园了，你们有哪些担心？是否有需要老师特别关注的问题？”通过层层推进的问题，老师对于家长心中的担心和疑虑已有所把握，同时对孩子的情况也有了基本了解。

对家长的了解是由表及里的，要在整体上把握抚养的细节，老师还需要倾听孩子的自我介绍，倾听他们关于上幼儿园的想法，这些都为老师对幼儿基本情况的把握提供了素材。

（2）二看

一看孩子的能力发展。

在听取了家长和孩子的介绍后，老师需要在游戏中悉心观察孩子的能力发展。幼儿的能力发展主要包括言语能力、注意能力、记忆能力、想象能力、思维能力、运动能力等。在一次为时不长的家访过程中，要对孩子的能力有所把握，需要我们通过多种方式细心观察。

我们通过宝宝的自我介绍、对话交流等简单谈话活动观察幼儿言语、注意力等能力的发展；通过舞蹈、动作模仿等观察幼儿动作协调能力、记忆力的发展；通过“钓鱼”“开火车”等小游戏观察幼儿运动能力的发展状况……在这些活动过程中，我们始终以该年龄段幼儿能力发展的应有状况为参照，衡量目前幼儿能力发展的状况。

二看家中的亲子关系。

亲子关系是我们每个人来到世间的第一个人际关系，亲子关系也是衡量教育是否到位和有效的天平。在老师的家访过程中，通过老师细致的观察、耐心的交流，我们可以感受到家庭的教育氛围，同时也可以观察发现部分特别需要引导的家长。结合理论知识，我们为家长提供恰当的建议，同时也为日后家长工作的开展打下基础。

听过孩子抚养方式的介绍，看过孩子各方面能力发展及亲子关系后，我们对孩子的基本情况已有了较为粗略的了解。接下来，我们还要关注幼儿发展的细节。于是，我们进一步提出了“三关注”的原则。

（3）三关注

一关注孩子的身体状况。

幼儿的身体发育状况，关系到幼儿入园后的适应能力及幼儿的健康成长。我们通过和家长的交谈了解孩子平日的身体素质，把握日常工作中我们需要关注该幼儿的细节。再通过“扣纽扣”“投小球”等精细动作游戏观察幼儿大动作和精细动作的发展。

案例导入

记得走进小志的家是一个周六的下午，刚进门，见到老师来家访，小志格外高兴地朝我们奔来，没想到脚下一滑摔倒在地，搞得我们措手不及。连忙安慰后小志独自去玩了，我们便和妈妈交谈起来。据妈妈介绍，小志从小在身高、体重方面都是中上，是个健康宝宝，爱说话爱表达，在家吃饭、穿衣、大小便已基本能自理了，就是他的动作发展比同龄孩子慢1—2个月。当我们寻问起孩子的教养方式时，才得知小志从小由奶奶带大，奶奶特别溺爱孩子，心疼小孙孙，总是习惯抱着他，舍不得他走，舍不得他坐。学习抓握时又怕弄脏衣服，他是没经过爬就直接会走路的，一直不怎么稳，经常摔跤，交替着上下楼梯还不能独立完成。了解到这些信息后老师顺势问起妈妈的教育态度，她表示着急，应积极配合老师放手多锻炼他。老师微微点头一笑，随后老师和小志玩起了“扣纽扣”“钓小鱼”的游戏，小志一连几回顺利完成。我们在快乐的氛围中度过了轻松的家访时光。

案例分析

通过家访，我们直观清晰地了解到小志动作能力发展的现有水平。小志进门的不慎跌倒、上下楼梯不协调，让老师清晰地感知到他的大肌肉动作还欠协调灵活，但在游戏“扣纽扣”“钓小鱼”的过程中看出他在小肌肉动作发展方面呈现出的优势。这为老师在今后的教学活动以及家园沟通中提供了依据和侧重点。从小志动作发展的现实情况看，我们不难发现，小志其他各方面发展均为正常，造成小志大肌肉运动发展迟缓的主要原因在于家长的过分溺爱，孩子错过了动作发展的关键期，也就是敏感期，从而导致孩子走路不稳，时常跌跤的现象。

二关注孩子的性格特征、特长爱好。

家访的内容丰富、形式多样，老师充满智慧的提问和游戏引导不仅激发了家长的谈话欲望，同时也能在轻松活泼的氛围中，充分感受孩子的性格特征。通过家长的详细介绍，我们也能较为详尽地了解到孩子的特长爱好。结合这些信息我们对家访到的孩子进行了性格归类，特长分析。通过总结和梳理，老师很快便能把握孩子的基本性格特征，制定适合孩子的教学内容与教育方式。

三关注孩子的行为习惯。

习惯是影响孩子一生的重要根基。特别是对于小班幼儿来讲，行为习惯和生活常规的建立与养成，是幼儿园生活中非常重要的环节。家访中对孩子行为习惯的了解，也是帮助孩子顺利适应幼儿园生活的重要环节。通过老师的访谈和观察，可以掌握幼儿在家中的已有行为习惯，在日后的常规工作中，有针对性地制定相应指导策略，帮助幼儿顺利适应幼儿园生活常规，为集体生活打下基础。

知识链接

与此同时，此阶段亲子间的互动是为良好的师幼互动奠定基础。家长应该在这一阶段做足准备工作，以便幼儿顺利入园。

1. 心理准备

（1）家长应有意识地扩大幼儿的活动空间和交往范围，使幼儿初步建立人与人之间的信任感与交往的安全感。

（2）家长要注意克服自身的分离焦虑，不要渲染孩子入园的紧张气氛，尽量以平和的心态对待孩子入园，避免焦虑情绪影响孩子。

（3）家长不能在幼儿不听话时轻率地说出“不听话就送你去幼儿园”之类的话。

2. 生活准备

（1）家长要了解幼儿园的一日生活作息时间，并有意地按此安排幼儿在家的活动。如：帮助幼儿养成适宜的午睡习惯。幼儿园的午睡安排在中午十二点至下午两点之间，而非下午两点后。

（2）家长要培养幼儿良好的生活技能。如：要求幼儿坐在桌子旁自己吃饭，不要随意走动，指导幼儿在大小便时自己脱、穿裤子，自己洗手，认识自己的物品，玩完玩具放回原处等。不要让幼儿在家中随心所欲，否则在幼儿入园后，面对幼儿园的各项要求会无所适从。

3. 家长准备

（1）缩短幼儿在园时间。即早上不要太早送幼儿入园，下午可提前接幼儿离园。

（2）不要在早上送幼儿到园时与班级教师长时间交流幼儿情况，可在下午接幼儿时进行。

（3）可给幼儿带一件在家中熟悉的物品。如：玩具、布娃娃等。

（4）家长要坚定信念，坚持让幼儿到园。

幼儿入园之初有些哭闹是正常的，家长适当地陪伴一下就可离开，并且相信教师一定有能力哄好。有时候幼儿哭家长也哭，这种情况对幼儿绝对没有好处。有的家长送幼儿到园后不忍离开，不时在门口、窗口张望，这样只能使幼儿刚刚稳定的情绪又产生波动。加大教师的工作难度。

二、一日生活流程中的师幼互动

（一）来园

互动要点：教师在教室等待幼儿，并与来园的幼儿进行简单的交谈；让幼儿在教室玩玩具，在玩的过程中不与别的小朋友起冲突，要做到互相谦让；晨练之前，要自觉地把玩具收起来。

互动关键词：温馨感——亲切；微笑；拥抱；抚摸

（二）晨练活动

互动要点：教师让幼儿排好队；教师让幼儿按秩序排队去攀岩墙，游戏时提醒幼儿爬的时候手要抓紧，选择合适的地点攀援，鼓励不敢爬的幼儿，并且注意安全。

互动关键词：遵守规则——安全；提醒；标识；鼓励

（三）升旗早操

互动要点：准备开始升旗的时候，让幼儿按顺序排好两队，准备升旗；在排队的过程中尽量保持安静，不说话，不推挤；升国旗、唱国歌的时候要集中注意力，唱好国歌；升完国旗的时候做早操，做早操的时候让幼儿集中注意力，遵守纪律，跟着老师做。

互动关键词：保持安静——秩序；纪律；提醒；示意

（四）上厕所、洗手、喝水

互动要点：女生先上，男生在外有秩序地等待，在女生之后再去上厕所；洗手时要求用肥皂，洗后在洗脸池内甩水，之后用小毛巾擦干；喝水时提醒小朋友接半杯水，喝完放好杯子。

互动关键词：遵守规则——卫生；提醒；秩序；关注

（五）集合点名

互动要点：集合，敲铃，“小椅子，转过来；小嘴巴，闭闭牢；小眼睛，看老师。”“一二三，静下来。”点名，让幼儿用简短响亮的声音回答“到”，同时尽可能说说小朋友刚来的表现。

互动关键词：注意力集中——问答；动听；安静；及时

（六）教学活动

互动要点：回答问题时要举手；上课时不可以随意讲话，扰乱课堂秩序。请小朋友们把小椅子放好，分小组去上厕所、洗手；排队领牛奶、点心；让幼儿自己插吸管，不要把饼干放在桌上；喝完牛奶自由看书。课程结束后提醒幼儿上厕所，洗手，喝水。

互动关键词：积极互动——举手；秩序；回应；启发；自主；目光交流；示意

（七）就餐

互动要点：

（1）午餐之前解小便、洗手时保持安静。洗手时要注意把袖子挽起来，洗手六步法要掌握，洗好手以后必须把水甩在池子里，然后擦干净。

（2）在吃饭前要提醒：吃饭时保持安静，不可以说话；不可以挑食。

（3）要用手扶着碗，把碗放在桌子上吃饭。

（4）吃完饭要用毛巾擦嘴、漱口、把餐具放好。吃完以后能够把桌子清理干净，把碗筷收拾好放在门口的桶里。然后有次序地去拿餐后水果。

互动关键词：安全饮食——安静；提醒；关注；示范

（八）午睡

互动要点：能够在午睡前解小便、洗手；把鞋子整齐地摆在门口，睡觉时，能够把自己的衣服脱下叠好放在床上，不与他人交谈、不影响他人睡觉。

互动关键词：安静入睡——观察；提醒；目光交流

（九）生活活动

互动要点：午睡醒来后能够安静地起床解小便、洗手；女孩子要把头梳好，男孩子不准打闹、大声喧哗；然后排队安静地到教室吃点心。吃点心的过程中，不应该和其他小朋友大声说话；吃完点心以后能够洗手、漱口、擦嘴；然后吃水果，拿水果时，要有次序地排好队，不推不挤。

互动关键词：有序起床——安静有序；提醒示意；帮助

（十）游戏活动

互动要点：到棋类图书活动室活动，去之前按小组分组，让幼儿分组游戏，并且在游戏前提出要求，只在自己选择的区域活动，遵守规则。去活动室的路上要排队，保持安静，有秩序地进入活动室。幼儿在活动室游戏后，提醒幼儿洗手上厕所，然后带队去操场进行简单的户外游戏活动，拍球活动，让幼儿在指定的区域内进行游戏。

互动关键词：安全第一——自主；提醒；规则；秩序；自由；快乐

案例导入

幼儿入园应早做准备。入园第一天是半天亲子活动，爷爷奶奶带萌萌到幼儿园，两位老人仔细地检查着课室、卧室、厕所，看看桌子的棱角是否有危险，摸摸被子是否松软，询问老师菜谱的营养配给是否合理。之后，他们与同班的孩子和家长一起进行亲子活动，观看中大班的小朋友表演节目。萌萌高兴地缠着奶奶不肯走。

第二天，爷爷奶奶送萌萌到幼儿园门口。奶奶的心一下子像被掏空了似的，强忍着眼泪对萌萌说："乖孩子，以后在幼儿园身边就没有奶奶了，你渴了就问老师要水，吃饭要是不饱要叫老师添。"萌萌迷惑了："奶奶，你不跟我一起进来？""好孩子都是自己上幼儿园的，知道吗？"奶奶说完就挪开萌萌的手准备走。萌萌马上挣扎哭吵："奶奶，我要奶奶！"她紧紧地抓住奶奶的手不放，老师半抱半拉地想把她带到班上。这时候，奶奶实在忍不住，紧紧地抱着萌萌也不走了，两个人都哭了好一会。爷爷吓她："萌萌是好孩子，要听话，不然就不要你了。"说完，爷爷赶紧拉着奶奶往外走，萌萌在大哭中被老师抱进了课室。她加入了新生哭闹的行列，早餐也不吃，直到哭累了，就呆呆地坐着，两手扯着小手帕不放。

第三天，萌萌死活不肯进幼儿园，奶奶安抚她说："萌萌乖，今天已经上了第三天，再有两天就到星期六不用上了，奶奶带你上公园划船。"萌萌一边哭一边说："我还要去钓鱼。"一阵纠缠后，萌萌抽噎着跟老师进了课室。她怯怯地问："老师，奶奶几点来接我？"经过老师安慰，她稍微喝了点粥，但一想起奶奶，又忍不住哭开了。

案例分析

萌萌从小由祖父母抚养，比较娇气、任性，她不曾离开过爷爷奶奶，在一个完全陌生的环境中突然"失去"亲人，内心感到恐惧、无助，表现得极为不安，是很正常的。同时，由于长期得不到父母的拥抱、安抚，孩子也易出现自信心不足，交往能力相对较弱。

当孩子较长时间出现焦虑，家人也会不同程度地出现焦虑情绪，反过来，家长的焦虑又通过他们不恰当的言行影响孩子。比如，爷爷奶奶对幼儿园考察得丝毫不漏，对幼儿园本身就不放心，这会让孩子对幼儿园造成戒备心理，影响她融入集体生活；再者，爷爷奶奶想把孩子送回老家自己继续带，这样一来，孩子必会产生逃避心理，失去一次成长的机会，并引发新的焦虑。此外，迁就会让孩子明白家长的态度是舍不得自己，甚至会抓住这个弱点向成人提要求。这个时候，成人若不调整自己的心态，将会加剧孩子的不良反应。

专家建议

家长应该多与老师沟通，建立信任。信任是一切工作的基础，这样才能放心地把孩子交到一个陌生的环境、陌生人手中。家长只有自己首先信任幼儿园和老师，孩子也才能信任幼儿园、信任老师。家长可以透过手册或直接交流，询问孩子在园吃喝玩乐的状况，共同探讨帮助孩子尽快适应新环境的方法。

家长要认识到，孩子进幼儿园是走向独立生活、融入集体的必经阶段，既不是受折磨，也不是为了超越别人。成人不适当的看法会增加孩子的压力，导致孩子对幼儿园失去亲切感。正确的方法是明确告诉孩子上幼儿园的目的，并使用一些技巧跟孩子分别，以使开始的几天好过些。

三、离园时的师幼互动

离园活动是一个比较难组织的环节，离园是一日流程中的最后一个环节，教师应为幼儿安全离园把好最后一关。孩子在离园前的情绪是一天中最兴奋的时候，特别是到幼儿园大门打开，家长来接的时候。因为家长们先后来接，使得孩子更加活跃，老师很难控制孩子的情绪，有时候难免要与家长进行沟通、交流，总感觉顾此失彼。有的幼儿比较内向，呆呆地坐着等家长来接，有的互相争抢玩具，有的在教室互相追逐。

离园方式各有不同，主要用射频方式刷卡，方便、快捷、先进，使幼儿入园签到、离园接领的速度和效率明显提高。接送人员通过刷卡签到，取代传统的手工签到，提高了工作效率和接送的正确率，使幼儿来得放心，回得安全，增强了家长对学生的信任。

离园前的活动是琐碎、繁杂的，是一日活动中画龙点睛的一笔，也是孩子整个一日活动的完美谢幕。这个谢幕特殊在是家长天天看到的，家长的口碑很多都是在实践的操作中，从平时的点点滴滴中慢慢建立起来的，所以就更需要我们在反思中不断地调整、改进。

案例导入

幼儿离园前二十分钟，教师说："下面请小朋友去解小便、喝水、并把水杯放在水池里的托盘上，最后去拿好衣服回到座位上。"教师话音刚落，几十个幼儿就匆匆挤在一起上厕所、喝水、拿外套，有一部分幼儿还三三两两围在区域角里玩，在老师的再三催促下才肯回座位。

离园前十分钟，教师要求幼儿或趴在桌子上等家长来接，或坐得笔直等家长来接，录音机里播放着故事，但是没过多久，幼儿就开始相互说话，或者玩。教师在一边说："小嘴巴闭闭拢。""请安静等爸爸妈妈来接。"幼儿没有理会。

离园时，当家长一拥而上来到教室时，整个活动室就像炸开了锅。来接的和没来接的幼儿都站起来，来接的幼儿跟老师说再见；没有来接的幼儿或者聚集在门口焦急地等待家长的来到，或者疯狂地玩、叫、追逐、打闹。老师在一旁叫："××小朋友请你回到自己的位置上安静等爸爸妈妈。""××小朋友不要跑，小心撞着。"……并且老师不忘用眼睛瞪一下正在大叫的幼儿，提醒他小点声。

离园后，两个老师相互看了一下，叹了口气："唉，怎么每次来接的时候都这么乱。"

案例分析

这是某中班离园的一个状态。离园前二十分钟教师让幼儿一起去上洗手间，因为人数多，幼儿相互挤来挤去不仅不安全，而且看上去乱轰轰的。可能有些幼儿这个时候的心思都在区域角上，所以看到了一些幼儿在区域角里活动，但是却被教师打断，被硬拉回座位上。

离园前十分钟每个教师所希望的理想状态是：幼儿都安静地听故事、等家长来接，可是结果往往是相反的。就像第二个场景那样，教师不停地提醒，幼儿不听。其实在离园前让幼儿听故事或者听音乐这两种活动都不可取，因为这两种活动都需要持续一定的时间，而家长来接是有先后的，幼儿的思维容易被打断，一旦打断就很难再继续。

离园时是离园环节中最让教师头疼的环节，教师一方面要组织好幼儿的活动，杜绝安全事故的发生，另一方面又要做好与家长的交流沟通工作，着实有些手忙脚乱、分身乏术。于是很自然就有了最后老师的一句无奈。

专家建议

丰富多彩的离园活动会让孩子更加喜欢这个时间段，有事可做的孩子不会“疯跑”，井然有序的活动会让家长有更好的印象。

《幼儿园教育指导纲要（试行）》总则部分指出：“为幼儿提供健康、丰富的生活和活动环境，满足他们多方面发展的需要，使他们在快乐的童年生活中获得有益于身心发展的经验”，同时也要“科学、合理地安排和组织一日生活”。可见，我们必须对幼儿一日生活的各个环节进行科学、合理的安排和组织，离园活动的有效组织也是不容忽视。

1. 离园时存在的几个误区

（1）无所事事的离园活动

即教师无心准备离园活动，只是让幼儿坐在椅子上，干等家长来接，这样的离园活动毫无生机，枯燥而又乏味，久而久之，直接令幼儿丧失第二天入园的兴趣。

（2）应付式的离园活动

即教师随意组织离园活动，例如：不管幼儿的年龄阶段和兴趣特点，散沙式地给幼儿发几本图书，但幼儿看书的状态全无，有的更是把焦躁不安的情绪全然写在脸上。而此时，对小班的幼儿来说，损坏图书也在此状态下频繁发生……

（3）缺乏时间观念的离园活动

教师安排的离园活动在内容和形式上都与该段时间不吻合，例如“户外互动”等，促使该时间段教室氛围闹哄哄，家长接送幼儿就如“热锅上的蚂蚁”，许多不安全的隐患就会滋生。

离园前是幼儿心理波动最大的时候，因为他们会期待家长的到来。危险系数也相对比较高。如何让孩子平静地等待家长接离幼儿园是教师的重要工作。

2. 离园过程中的师幼互动尝试

（1）注意与家长当面交接幼儿，必须要有接送卡，确保幼儿安全离园。教会幼儿说：“××接我来了，老师再见。”

（2）教育幼儿不要单独离开幼儿园，有陌生人来接，要主动和老师说。

（3）注意幼儿仪表形象，帮助和协助幼儿整理好衣物，干净整洁离园。

（4）严禁家长进班接幼儿，在班级门口交接。在此期间和家长交流沟通要简短，注意照顾班内孩子。

（5）做好分管职责内的安全工作。

知识链接

项目	时间	幼儿	教师	保育员
离园活动安排	夏秋季 5:40—6:30 冬季 4:50—5:30	1. 愉快地参与区域活动，遵守规则，离园前把玩具、材料、椅子收放整齐、归位，整理好活动环境 2. 整理自己的仪表，带好自己的物品，不是自己的东西不拿 3. 主动向老师、小朋友及其他家长道别 4. 不独自离开幼儿园，不跟陌生人走	1. 离园前，与幼儿进行简短谈话，回顾一天的生活，鼓励他们的进步，提出新的要求 2. 检查幼儿仪表是否整洁，提醒幼儿带好回家的物品 3. 提醒幼儿回家途中的注意事项，进行安全、饮食教育 4. 有计划地组织、指导等待离园幼儿的区域活动 5. 有计划地向家长介绍幼儿在园实际情况，有针对性地向家长提出指导性建议，共同配合教育 6. 高度负责，把每一个幼儿安全地交给家长，严禁出现幼儿自己离班、离园、被陌生人接走的现象。有陌生人接幼儿时，首先与家长（父母）取得联系，确实得到家长同意，并请陌生人在交接记录本上书面签字后，方可把幼儿交给陌生人。慎重对待有特殊家庭背景的幼儿 7. 幼儿离园后，做好活动室物品、材料的整理，检查水、电、门窗是否关好	1. 指导并帮助幼儿整理仪表 2. 整理好幼儿的衣物 3. 协助老师组织好幼儿的区域活动 4. 下班前将室内外地面、楼梯彻底清理干净，关好水、电和门窗 5. 清洗口杯，做好消毒准备 6. 需要老师值班时和保育老师要求一样

第二节 不同阶段的师幼互动

和谐的师幼关系，使幼儿在与教师互动时体验快乐，活动更积极主动，更乐于与人交往；而消极对立的师幼关系，易使幼儿胆怯、退缩、不爱交往、消极，甚至反抗、冲突。对于小班幼儿来说，师幼关系更显得重要。教师在幼儿入园各阶段应该如何建立和谐的师幼关系呢?

一、初入园期：父母般的爱护是建立和谐师幼关系的基石

刚入园时，许多幼儿由于情感上对家人的想念和对陌生环境感到害怕等原因，一段时间内都会出现大哭吵闹等心情极度不安的状况。有的还表现为不愿理睬别人，不参与任何活动，甚至不想喝水、吃东西等心情低落的消极状态。这些状态在很大程度上会使幼儿在心理、生理上受到伤害。这时，作为幼儿在园唯一的情感依靠者——教师来说，以妈妈的心态去关怀他们显得格外重要。

教师的关爱不仅让刚入园幼儿从家庭生活逐渐过渡到集体生活，也让幼儿情感的天平逐渐倾向教师，并初步建立起对教师信赖放心的情感，为建立和谐师幼关系打下基础。

二、适应期：朋友般的关怀是建立和谐师幼关系的关键

在幼儿逐渐减少对家人的依赖和熟悉幼儿园的环境后，幼儿就进入了适应期。在适应期幼儿与教师的关系比较微妙。幼儿想接近教师希望得到教师的认同，但又害怕与教师交往，这时教师以幼儿知心朋友的身份主动去关怀幼儿，进入幼儿的内心世界，营造出一种和谐、平等、互相依赖的良好师幼互动氛围，这是建立和谐师幼互动关系的关键。

三、融洽期：表率般的言行举止是建立和谐师幼关系的保障

随着幼儿逐渐适应幼儿园集体生活，幼儿与教师之间也建立起平等、互相尊重的和谐师幼关系。但我们仍不能放松，时刻要注意自己的言行。对于幼儿来说，教师不但是在知识、能力、经验等方面都远远超过他们，而且还是他们每天生活的管理者、照顾者。因此，教师应起好表率作用，成为幼儿现实生活中的权威与心中的偶像。

知识链接

"顺利渡过入园关"

开学前，我们精心设计了三天适应计划，根据幼儿个性特点对症下药，精心设计富有吸引力的游戏活动，并分层次科学地创设物质和心理环境而帮助幼儿顺利渡过了入园关。①

第一天

时间：一个半小时

目的：熟悉环境和教师，建立幼儿对幼儿园的初步概念，激发幼儿上幼儿园的热情

形式：家长陪同亲子游戏，向师幼互动游戏过渡

过程：教师热情接待幼儿，用幼儿在家中的称呼和幼儿交流。家长直接把孩子送到班上和教师以及其他家长、小朋友交谈并一起游戏几分钟。接着在教师引领下开展亲子游戏，亲子游戏要体现亲子互动，向师幼互动逐步过渡。比如：捉迷藏游戏中幼儿和家长面对面，家长藏起一件东西让幼儿找然后设置场景，家长躲藏后让幼儿寻找，幼儿躲藏后家长寻找，最后家长和幼儿躲藏后教师去找，教师躲藏后家长观望而让幼儿去找。

一个半小时到了，幼儿园吹哨结束活动。家长必须带幼儿离开，对意犹未尽不愿离园的幼儿，教师可以逐个抱抱他们说"明天老师在这里等你，欢迎你明天再到这里来玩"之类的话。

第二天

时间：两个小时

目的：半数以上幼儿能独立在园游戏，开始亲近教师，在创设的情境中能与同伴进行交流

形式：分层对待小部分家长陪同，以幼儿自主游戏师幼互动为主

过程：和家长沟通，适应能力强的幼儿鼓励独立在园。每个班级分成两部分：一部分教师和独立在园的幼儿活动；另一部分教师和家长共同做好焦虑情绪严重幼儿的安抚工作。

最后半小时，将所有幼儿集中在一起。教师和保育员共同组织开展集体性的游戏，游戏种类要富有变化，如运动型的"彩虹伞""小狗爬"以及安静型的手指游戏等。

离园的时候，教师亲热地抱抱每个幼儿，依依不舍地和幼儿说再见并说："老师想你们，明天我们再在一起玩。"

---

① 袁玉清. 三天适应计划，帮助幼儿顺利渡过入园关［J］. 早期教育，2011（9）：53.

第三天

时间：三个小时

目的：亲近教师，情绪稳定，依赖感向教师倾斜

形式：个别特殊幼儿家长仍需陪同，自由游戏向集体活动过渡

过程：在亲切迎接幼儿入园后，带领幼儿和第二天一样自由选择游戏玩耍，少部分未适应的幼儿由家长陪同和同伴教师一起游戏。

半小时后，全部教职工合作组织幼儿集中在活动室开展集体性活动。这个过程要求内容丰富、富有变化、动静交替：比如先唱唱歌、玩玩音乐游戏，接着教师戴上头饰表演童话剧，讲故事给幼儿听，请幼儿和教师一起说一说并用动作表演各种小动物。又如让幼儿光着脚丫在不同颜色的颜料里踩踩，再在大型的画纸上跑跑跳跳，找一找自己的脚印。教师轮流组织诸如此类的集体活动，但以本班班主任组织为主。

离园前，教师采取贴五角星、印印章、发小红花等方式，表扬勇敢宝宝、能干宝宝、开心宝宝，鼓励幼儿今后独立上幼儿园。

第三节　不同区角活动类型中的师幼互动

区角活动，简单地说就是小组或个别活动教师根据教育目标，有意识地将活动室分割成小区域活动空间，有目的、有计划地投放材料，幼儿根据自己的意愿选择活动内容和活动伙伴，主动地进行探索和交往。如阅读区、美工区、数学区、认知区、科学发现区、表演区等等。其最大的特点在于：是幼儿自主的学习、主动的活动；教师能更直接地接触幼儿，观察了解幼儿，针对不同发展水平的幼儿进行指导，让幼儿更多地感受教师的关注，增进双方感情的交流，形成积极的自我形象。

一、区角活动中的教师理念与角色

1. 以尊重为前提，树立儿童为中心的教育理念

尊重儿童，就是信任儿童、鼓励儿童和对儿童的人文关怀；正确的儿童观，就是以儿童为中心的教育理念。《纲要》也指出：应以关怀、接纳、尊重的态度与幼儿交往。耐心倾听，努力理解幼儿的想法与感受，支持、鼓励他们大胆探索与表现。善于发现幼儿感兴趣的事物、游戏和偶发事件中所隐含的教育价值，把握时机，积极引导，关注幼儿在生活中的表现和反应，敏感地察觉他们的需要，及时以适当的方式应答，形成合作探究式的师生互动。

2. 本着教育从孩子中来、从生活中来的观念

过去，在创设区角活动时，教师多考虑整个年龄段幼儿发展的特征，根据幼儿发展的月目标、周目标和制订的每周幼儿一日活动计划，确定每一周的区角活动内容；接着按内容划分活动区域，最后教师精心选择并制作大量的操作材料投放到各个活动区，幼儿直接进入活动区活动，留给幼儿的空间少而且小。

现在，在确定区角内容时，教师心中应怀着教育的大目标。除一部分由教师预设，其内容是教育目标规定的，其余一部分除关注幼儿应当或有必要掌握的学习和生活方面的知识和技能外，更多的应在关注幼儿作为独特个体的需要、兴趣、情感、态度和发展意向的基础上给幼儿自己选择和确定活动内容的权利。多和孩子谈话：平时你喜欢玩什么？现在你想玩什么、做什么？想和谁一起玩？在什么地方玩？只要幼儿感兴趣的或提议的活动能满足幼儿的需要，就可以让它成为活动区的一部分。

3. 教师作为幼儿学习活动的支持者、合作者和引导者

（1）顺应中的引导

即教师与幼儿的互动必须建立在当前的活动上，指导不以主观判断为依据，不试图让幼儿根据教师的意图去行动，不脱离幼儿的实际，增加引导型应答行为。关注幼儿活动的进展动态，准确地判断，不要出现表面上的应答或在幼儿需要帮助时及时地介入，在幼儿专注于自我表现时，适时地退出。

（2）适时的等待

幼儿从开始接触材料到操作探索讨论得出结论是需要一个过程的，要给幼儿发现问题、运用已有经验探索解决问题的时间，相信幼儿有一定的能力；对于幼儿的疑问、争论，不急于解答或给出定论，而是教给幼儿查找资料、寻找答案的方法途径，学会获取知识的方法并且允许有不同意见和看法的存在。

（3）积极的情感对应

在整个活动中，教师要态度认真，接纳包容幼儿，以极大的耐心去体会幼儿内心的感受；允许幼儿犯错误，允许幼儿宣泄情绪；多给予肯定的评价，少给或不给否定评价。

二、不同区角活动中的师幼互动

不同的年龄阶段，幼儿的发展水平也不相同，区角活动的水平也在不断提高。从无目的到事先计划好，从由老师带着玩到自己提出游戏主题，从摆弄物品、旁观游戏到单独游戏、平行游戏，再到联合、合作游戏。教师应充分了解幼儿的发展水平，在指导他们区角活动的时候才可能做到有针对性，贴近幼儿的实际情况。下面就不同的区角以及幼儿不同的年龄阶段进行分别阐释。

1. 角色扮演区

小班幼儿对角色游戏是很感兴趣的，但他们常常会忘掉自己的角色。所以，对于小班幼儿的角色游戏的指导应着重于增强他们的角色意识。

小班师幼互动要点：可以通过语言的启发和自己的加入来提醒他们。例如，娃娃家的“妈妈”跑到别的地方玩去了，这时教师可以对她说：“你的宝宝一个人在家哭呢，你快回家去看看吧！”

中班幼儿常常是一边游戏一边想下面的情节，还没有具备事先计划、商量、设计出游戏过程的能力。因此，对于中班幼儿角色游戏的指导应侧重于加深他们对角色的理解，要求幼儿能较正确地反映出角色特有的行为和语言，并能创造性地表演。

中班师幼互动要点：例如，“在医院”的游戏中，一开始“护士”只知道给“病人”打针、发药、测体温。后来老师启发他们想一想护士是怎样对待病人的呢？他还可以怎样照顾他们呢？于是护士便想到去搀扶病人，叮嘱他们吃药，陪病人检查等游戏情节。

大班幼儿对于角色游戏的经验较丰富，反映的主题也较多样化，游戏的内容充实，有新意，角色较多，能体现一定的社会性，且独立游戏能力强，在游戏前能自行设计游戏情节，通过彼此的商量、协调分配角色。

大班师幼互动要点：大班幼儿角色游戏指导的重点就应放在激发幼儿角色游戏的创新意识，以及培养幼儿在游戏中自己解决问题、矛盾的能力上。

2. 积木活动区

小班幼儿搭积木是无意识无目的的。他只对搭的动作感兴趣，而不在乎搭出什么，也不会利用积木开展游戏。在小班，应先引导幼儿认识积木，引起他们对积木游戏的兴趣。

小班师幼互动要点：比如，教师可以对幼儿说：“我们的餐厅还少几张桌子，让我们一起为餐厅搭几张桌子吧！”或“让我们为小兔子搭一座小房子吧！”等，由此激发他们搭建物体的热情。

中班幼儿，可以要求他们有目的、有计划、有顺序地搭建，并学习与同伴合作，共同完成一个物体的搭建。比如三个幼儿合作搭建一个公园。

中班师幼互动要点：教师应该增加中班幼儿造型方面的知识和训练，如会选择高低、宽窄、厚薄、长短不一的积木搭建不同的物体，并可以尝试提供积木构造图，请他们按图搭建。

大班幼儿已经有一定的独立建造能力，事先能进行一定的设想和规划，并能通过分工、合作完成一件较为复杂的工程。

大班师幼互动要点：对于大班，教师就可以引导幼儿玩大型积木建构游戏了。在这样的游戏中，教师可以直接参与其中，及时肯定他们的创造性想法，帮助他们克服困难，为他们提供所需的材料。

3. 语言图书阅读区

对小班幼儿，要求幼儿在语言游戏中能大胆讲述、学习倾听别人的讲话，培养他们爱听故事、爱看图书、会安静阅读的良好习惯和对语言活动的兴趣。

小班师幼互动要点：教师多采用直接指导的方法，通过语言示范、启发提问、具体讲解等手段，培养他们的听、说、读、写技能和语言表述能力。

对中、大班幼儿，要求能用较完整的句子比较连贯地讲述，能独立阅读感兴趣的图书，理解画面的内容。能有礼貌地倾听别人讲话。能认真倾听别人的讲话，能连贯地讲述事情和几幅图片，能与同伴共同创编诗歌，对书上的文字感兴趣。

中、大班师幼互动要点：教师应培养幼儿的独立阅读能力与创编诗歌的兴趣。在与幼儿的互动中，让幼儿对文字产生兴趣与想象力。

4. 音乐表演区

小班幼儿选用表演的故事主题应简单，角色要少，对话、动作重复要多。例如，《拔萝卜》《雪花》《三只蝴蝶》等。

小班师幼互动要点：小班幼儿由于缺乏主见，所以在角色的分配上需要教师的帮助。但教师在帮助他们分配角色的时候要注意尊重幼儿的意愿和选择。

随着年龄的增长，在小班表演游戏的基础上，中、大班幼儿的表演质量逐步提高。应该鼓励他们自愿、自由地玩表演游戏。

中、大班师幼互动要点：在表演前或表演过程中，教师可做一些提示。如适当提醒幼儿遗忘的台词。但注意不要随意打断幼儿的表演或在一旁指挥幼儿的表演，以及强求幼儿服从自己的指挥。

5. 美工区

小班幼儿的小肌肉发展尚未成熟，因此他们的美工活动多围绕感知、运用色彩进行。教师不应苛求他们做到画面整洁、涂色均匀，这样会使他们畏手畏脚，不敢大胆地绘画与创造。

小班师幼互动要点：教师的指导应着重于萌发他们的绘画兴趣和大胆作画的信心，以及教给一些使用工具、材料的方法与技巧。

中班幼儿已经掌握了一定的使用工具、材料的方法和表现的技巧，这时教师应着重指导他们如何充分使用工具、材料和发挥技巧。

中班师幼互动要点：减少直接的指导，并积极鼓励他们发挥想象力，创作出与众不同的作品。

大班幼儿的操作能力、表现能力、创造能力都有了较大的提高。当有一种新的活动内容出现时，教师不要急着教幼儿应如何如何做，而应先让幼儿自己去探索、尝试。

大班师幼互动要点：在此阶段，教师应放手让幼儿自己活动。教师只以辅导者的身份观察幼儿的活动，在适当的时候给予支持和帮助。

案例导入

区域活动开始了，这个星期教师在美工区投放了一些水粉颜料、调色盘、排笔、藕节、切断的青椒等材料。教师引导红红、雪儿、阿铭等小朋友用藕节和青椒拓印小花，他们玩得可起劲了。

可组里还有一个叫阿志的小朋友却只管自己用排笔在几个调色盒里蘸来蘸去。教师热情地邀请他来“种小花”，他却满不在乎地说：“那有什么好玩?!”老师灵机一动，说：“这样吧，我们两个帮他们调色，好吗?”他愉快地答应了。结果他在调色当中还发现了许多秘密！比如红色和黄色混在一起变成了橘色，蓝色和黄色在一起变成了绿色。

案例分析

每个幼儿都是一个独特的个体，这些个体之间难免会存在这样那样的差异，区域活动是幼儿的自主活动，是最体现人的个性的活动，所以个别化教育成为区域活动中师幼互动的核心问题。新《纲要》提出，“要尊重幼儿在发展水平、能力、经验、学习方式等方面的个体差异，因人施教，努力使每一个幼儿都能获得满足和成功”。在此案例中，教师面对幼儿的不同兴趣，没有强迫幼儿，而是顺势引导，取得了很好的教育效果。

6. 科学发现区

在小班，科学发现区以发展幼儿的感知觉为主要目标。例如，在感知味觉的活动中，教师为幼儿提供酸、甜、苦、咸等各种丰富的食物。

小班师幼互动要点：教师的指导着重于引导幼儿去感知，并引起他们参加科学活动的兴趣。

中班幼儿对科学发现活动已有了一定的兴趣，幼儿的动手操作能力也有提高。

中班师幼互动要点：教师的指导重点就应放在鼓励幼儿表达出操作的结果。

大班的科学发现活动，以幼儿自己的探索活动为主。大班幼儿对科学活动有着浓厚的兴趣，对于操作的材料有着忍不住摸一摸、动一动的渴望。

大班师幼互动要点：教师应放手让幼儿自由操作，在指导上着重于让幼儿将操作中的经验转化为自己所掌握的知识和技能。

案例导入

在一个小班科学区域的一角，摆放着一些斜坡实验的材料：一块表面平滑的木板，用积木架成斜坡，一块表面有一楞一楞的板，平放在地上。这天区域活动时，阿易、小刚、帅帅三个小朋友在玩。开始，他们把球放在斜坡上滚，看着或乱蹦乱跳的球还挺兴奋的，可不一会儿就了然无趣了。

这时，张老师走过来，问："你们发现了什么?"三个人争着说："我们发现球在斜坡上会滚，在平的地方不会滚。"教师引导："两块板一样吗?"回答说："不一样。"教师继续引导："你们可以把这块板也架成一个高斜坡试试看，球在不同表面的斜坡上滚下的速度是不是一样的？还可以把斜坡架得低一点，看看球滚下的速度有什么变化。"听了张老师的话，三个小朋友又兴致勃勃地开始做实验了。

案例分析

从上述案例中我们不难看出，幼儿是天生的探索学习家，区域活动给他们提供了广阔的探索天地。但同时，他们又是各方面准备不充分的探索学习家：他们探索的目的性不强，思维灵活性差，探索学习的韧性不足。因此，在幼儿探索学习中，教师的适时介入又给幼儿的探索活动倾注了新的活力；教师的引导又给幼儿的探索活动指明了新的方向。利用了幼儿的兴趣，丰富了幼儿的知识，生成新的区域活动内容，这对发挥幼儿的创造力、想象力、促进幼儿的自主探究是非常有意义的。

7. 操作活动区

小班幼儿由于小肌肉动作尚未发展到灵活自如的程度，因此，在进行操作区的活动时，只是专注于尝试运用和使用工具材料的方法，并不在乎结果。

小班师幼互动要点：教师的指导也应从他们的实际情况出发，以激发他们的操作兴趣为主，让他们在看似无目的的随意摆弄过程中，令他们的动作技能更加熟练、精细。

随着年龄的增长，同样是物体的镶嵌，小班可以只要求按简单的轮廓线镶嵌物体，而中班则要求可以用物体镶嵌出图案。同样是拼插玩具，小班幼儿不要求拼插出形象的物体，而中班幼儿则鼓励他们关注拼插的结果。

中班师幼互动要点：在小班的基础上，中班幼儿的操作活动可以增加难度，提高要求。

在大班，教师应让幼儿有大显身手、大胆操作的机会。当他们遇到困难时，以一个参与者而不是教授者的身份与他们共同操作、探讨，尝试解决的方法。

大班师幼互动要点：大班操作活动的难度较大，帮助幼儿克服和解决操作过程中的困难是教师的指导重点。

案例导入

在一个小班的区域活动中，活动开始后，小朋友们选择自己喜欢的活动高兴地玩起来，两个老师在一旁开始闲聊。5分钟后，操作活动区乱成一团，珠子撒满一地。明明一直都在尝试穿珠的活动，可是每次都以失败告终，在游戏进行5分钟后，他已经尝试了数十回，实在不耐烦，把珠子扔了一地。教师见此情形，立刻大怒，拽起明明站到旁边："你到底是在干什么啊，给我拣，拣起来。"明明哭了起来，但是仍要趴在地上拣起掉在地上的珠子。

案例分析

在区域活动中，幼儿是自主的个体，他们按照自己的意愿自由地选择材料进行活动，那么教师应当做什么呢？教师要观察幼儿的操作情况、交往情况、反应情况，了解计划的执行效果。可是有许多教师不甚明了，或是清闲旁观，无所作为，或是忙碌参与，缺乏明确的目的。当看到幼儿的操作几次失败时，应该用微笑、表扬等手段帮助并鼓励幼儿去尝试，教师若能提供及时的帮助，就不会有珠子乱撒一地的事情发生。

知识链接

各个区角的教师活动设计

（一）角色活动区

1. 教师对材料的提供

（1）娃娃家。家具，如床、小型桌椅等；娃娃、娃娃用品，如各式服装等。

（2）医院。主要材料有白大褂、医生帽、护士帽、处方单、听诊器、体温表、药品等。

（3）超市。主要材料有各种食品、用品的包装盒、收银机、钱币等。

（4）银行。各种面值的钱币（卡片）、取款单、存折等。

2. 教师对场地的设置

“娃娃家”是一个常设的区角，因此它的位置应相对固定。其他的角色游戏区角则应设在与之相邻或相近的地方。角色游戏适宜与积木区相邻。

3. 区角活动的内容

幼儿最熟悉的地方是家庭，最先接触和了解的劳动就是家务活。因此，无论是在哪个年龄班，娃娃家都是角色游戏的中心主题。小班的角色活动区的主题以家庭生活为主。到了中班，角色游戏区就出现了以反映社会生活为主题的活动。大班的角色游戏区的主题则更加的丰富多样。

（二）积木区的设计

1. 教师对材料的提供

在小班，适合提供体积中等、颜色鲜艳、分量较轻，以三角形、长方形、圆形等为主的形状简单的空心积木。中班则可以丰富积木的种类、形状，增加积木的重量。到了大班，木制的本色实心积木就可以成为积木区的主角了。它的形状可以达到三十余种，数量可以达到一百多块，能充分满足大班幼儿构造的需求。

2. 教师对场地的设置

积木区的场地应较宽敞、平整。因为积木区的活动是具有一定连续性的，也许上午没有搭完的东西下午还要继续搭。所以，积木区应靠墙设在一个固定的角落。一方面，给幼儿提供可以充分利用的空间；另一方面，可以避免来回走动破坏搭建的物品。

3. 区角活动的内容

积木区可以建构高楼大厦、立交桥、公园等。还可结合基本技能确定搭建内容。如，小班主要学习铺平、延长、围合、盖顶、加宽等构造技能，所以他们在积木区多构造马路、围墙等简单物体。而大班则要求幼儿学习整齐匀称的构造，并会选择使用辅助材料，因此他们多建造结构复杂、装饰精巧的建筑物或建筑群。

（三）语言图书阅读区的设计

1. 教师对材料的提供

图书阅读活动则应为幼儿提供丰富多样、数量充足的图书，可以提供的图书种类有：

（1）故事书。如有关家庭、幼儿园生活的故事，动物、植物的故事，童话故事等。

（2）杂志、画报。如《看图说话》《幼儿智力世界》《小朋友》《小青蛙报》等。

（3）知识书。如《幼儿十万个为什么》《看图识字》《交通工具大全》等。

（4）自制图书。幼儿结合平时的教育教学活动，自己绘制的图书。

小班幼儿阅读的图书要画面简单、颜色鲜艳。以家庭生活、幼儿园的生活、小动物的内容为主。情节不宜复杂，篇幅不宜太长。中班幼儿可以阅读一些有关日常生活和人物方面的图书。图书的篇幅可以有所增加。大班幼儿则可以阅读配有简单文字的图书，图书内容的科学性可有所增加，可以提供较多的知识书和一些寓言故事。

2. 教师对场地的设置

语言图书阅读区应该是所有区角中最安静的，并且应有充足的光线。因此，适合靠窗而设，远离音乐表演区、角色游戏区等较为嘈杂的地方。在语言图书阅读区，地上可以铺上漂亮、柔软的泡沫垫，在桌上铺上美丽的花布等，为幼儿营造一个轻松、舒服的阅读环境。

3. 区角活动的内容

在此区角内以图书阅读为主，配有一些语言游戏，如接龙拼图、拼贴讲述、连词句、编故事、讨论谈话等。

（四）音乐表演活动区的设计

1. 教师对材料的提供

（1）录音机。录音机的电源要远离表演场地，一定要在幼儿摸不到的地方，最好是用干电池。

（2）录音磁带。可以录儿歌、歌曲、音乐、故事等，并根据磁带所录的内容贴上标记。

（3）乐器。碰铃、响板、铃鼓、三角铁、木鱼、锣、鼓等。

（4）服饰。少数民族服装、小动物的服装等；动物、植物、人物的头饰、面具、手环、头环、彩带、项链等。

（5）道具。纱巾、扇子、木偶、皮影等。

2. 教师对场地的设置

音乐表演游戏区最重要的就是要为幼儿提供一个宽敞的活动场地。场地的布局要合理，观众坐在哪里、演员在哪里表演，都要有一个明显的分隔标记。

3. 区角活动的内容

音乐表演活动区活动丰富多样，可以设计舞蹈表演、音乐游戏、打击乐演奏、幼儿扮演角色的故事表演、操作玩具表演角色的桌面故事表演、用木偶和皮影进行表演的木偶戏和皮影戏等。

（五）美工区的设计

1. 教师对材料的提供

各种纸、彩笔、颜料、剪刀、糨糊、橡皮泥等是美工区必备的材料。美工区的活动是丰富多彩的，需要教师花费时间与精力去收集、准备、提供，务求充实、充分。

2. 教师对场地的设置

美工区是一个以操作为主的区角，需要设置在有充足光线的地方。另外美工活动中常常用水，因此也应接近水源，便于幼儿在活动中使用。

3. 区角活动的内容

在美工区内可以进行平面造型，如绘画（彩笔画、水彩画、水墨画、手指画、刷画、拓印画等）、自然材料（沙、树叶、蛋壳等）的剪贴、撕贴等；立体造型，如捏泥、和面团、纸、粘土等；自然材料造型，如豆画、石画等；废旧材料，如纸盒、易拉罐、纸杯等；以及结合节日活动制作装饰物，如彩环、灯笼等。

本章小结

本章从不同背景下的师幼互动着手：一日生活中的师幼互动，从教师与家长两个角度，针对幼儿入园焦虑问题、在园中的生活学习问题和出园时的安全保卫问题进行具体阐述；不同阶段的师幼互动，从入园初期教师角色的定位到后期的融洽期教师角色的定位，形象地把不同阶段的师幼互动进行区别；不同区角活动的师幼互动，大致划分了七大区角活动，并依据不同的区角活动和不同的年龄特点进行具体阐释，列举了可操作的案例及材料，可以在实际的幼儿区角活动中实践训练。

基本要点示意图如下：

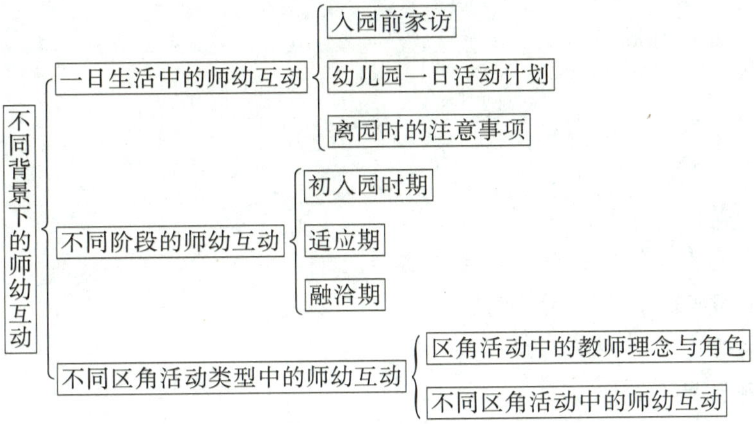

思考题：

1. 一日生活中，教师与家长在不同阶段应该怎么做？
2. 不同阶段中，教师角色的定位分别是什么？
3. 幼儿园区角活动的分类包括哪些？
4. 在幼儿园区角活动中，任选一个活动进行具体展开，阐述各个年龄段应该怎么进行师幼互动。

推荐阅读

《儿童的一百种语言》

《儿童的一百种语言》讲述了："孩子有一百种语言，一百双手，一百个想法，一百种思考、游戏、说话的方式。一百种倾听、惊奇、爱的方式，一百种歌唱与了解的喜悦。"瑞吉欧·艾米利亚，意大利北部的一个小镇，因其卓越的幼儿教育熠熠生辉，成为全世界教育家的灵感来源。瑞吉欧教育体系鼓励儿童通过各种可"表达的、交流的和认知的语言"，探索周围的环境并表达自我。作为阐释该体系的经典著作，《儿童的一百种语言》将带领你的眼睛越过高墙，开始一次探索儿童、发现儿童、教育儿童以及向儿童学习的奇妙之旅。

瑞吉欧儿童中心的先驱马拉古兹有一首备受推崇的诗《儿童的一百种语言》，这里面的"一百"并不是具体的数字"100"，而是一种"无限多"的表达方式，意思是儿童天生就有无限多种学习、探索、表达的方式，成人应该相信他们的能力，支持他们，挖掘他们的潜能，使他们的潜能得到最大限度的发挥。下面把这首诗附在后面，与大家共勉：

儿童的一百种语言

孩子
是由一百种组成的
孩子有
一百种语言
一百双手
一百个想法
一百种思考、游戏、说话的方式
一百种倾听、惊奇、爱的方式
一百种歌唱与了解的喜悦
一百种世界
等着孩子们去发掘
一百种世界
等着孩子们去创造
一百种世界
等着孩子们去梦想
孩子有一百种语言
(还多了一百种的百倍再百倍)

但是他们偷走了九十九种
学校和文化
把脑袋与身体分开
他们告诉孩子：
不要用双手去想
不要用脑袋去做
只要倾听不要说话
了解但毫无喜悦
只有在复活节和圣诞节的时候
才去爱和惊喜
他们告诉孩子：
去发现早已存在的世界
而一百种当中
他们偷走了九十九种
他们告诉孩子
工作与游戏
真实与幻想
天空与大地
理由与梦想
都是互不相关的
因此他们告诉孩子
一百种并不在那里
孩子说
不，一百种是在那里

扩展训练

入园准备与过渡——用游戏力缓解分离焦虑

女儿是两岁八个月上幼儿园的。头三天的新鲜劲儿一过，第四天就在幼儿园门口上演了“生离死别”。这天晚上接她回家的路上，她就主动发起了“上幼儿园”的游戏，并且要扮演爸爸，而要我扮演她。假如按照我以前的思维模式，我一定会扮演一个“懂事”的小孩，在幼儿园门口“主动与爸爸告别，然后高兴地跟老师进去”。但是按照游戏力的原则，我就该扮演一个哭闹黏人的小孩，而且要演得比女儿的实际情况更夸张。这样能行吗？说实话，我当时心里实在没底。

我强忍着自己的担心，呆板地“哭着不让爸爸走”。相比之下，女儿的入戏能力真可以称得上天赋，因为她活灵活现地背出了台词——早晨我对她说的话：

“宝贝，我一定会来接你的。等你吃完晚饭，我就会站在门口等你，然后咱们一起去游乐场。来，亲一下，我去上班了。”亲完我，她转身就走。

当然，游戏力不是速效药，并没有在第二天产生神奇效果。之后的三天里，这个主题不断上演，女儿轮番扮演爸爸、妈妈和老师，而我当然一直扮演着哭闹的小孩。不过有了第一次的经验，我之后的表演也就生动了很多。

第四天时，她突然决定扮演自己。我脑筋急转弯：“我是否该扮演一个成熟的大人，利用这个机会再对她强化一些道理呢？”显然，游戏力不这么认为。

“我不要去上班！我会很想你的。”我虽然这样演，但心里依然忐忑不安：这样不是在加重她的焦虑吗？

“爸爸，你要负责去上班，我要负责上幼儿园。”女儿一脸坚定地说。

我喜出望外，但此时必须忍住兴奋，继续不情愿地说：“那我什么时候能来接你呢？”

“我吃完晚饭，你就可以来接我。”

我假装还是不放心：“真的吗？那咱们拉钩儿。”

第二天在幼儿园门口，真实上演了头天的游戏：我黏着她，而她给我讲要上班的道理。最后，拉完钩儿，亲一亲，她自己就大踏步地跟着老师进去了。反而是站在门外的我，心里此时空荡荡的。

我再次对自己说：“要相信游戏的力量。”

不，应该更准确地说：要相信孩子的力量。

（以上摘自《游戏力》译后记）

附录1：社会互动理论对师幼互动的启示

社会互动理论是社会学理论中重要的理论之一。在欧洲，德国的齐美尔被认为是欧洲第一位互动理论家。一般认为，他在1908年所著《社会学》一书中最早使用“社会互动”一词。他认为社会学研究的社会互动对象应是与互动内容相对应的互动形式，并对社交、统治与服从、冲突与凝聚等具体互动形式做了详细的分析。他的研究也影响了美国社会学家。稍后，在美国形成了相关的学派和系统理论。至今，“符号互动论”仍被视为美国社会学的一大特色，主要代表人物前期有美国社会心理学家和社会学家乔治·H·米德，后期则有H·G·布鲁默。

在美国，作为早期人类互动的研究者和代表人物，乔治·H·米德的研究重点是行动——某个人在某种情境下的全部反应。按照米德的观点，人类反应与动物反应不同，我们在作出反应之前要进行有意识的思考。而且人类拥有自我——一个我们与之交流的内在的“人”，就像我们与别人说话一样。

社会互动也称社会相互作用或社会交往，它是人们对他人采取社会行动和对方作出反应性社会行动的过程——即我们不断地意识到我们的行动对别人的效果，反过来，别人的期望影响着我们自己的大多数行为。它是发生于个人之间、群体之间、个人与群体之间的相互的社会行动的过程。社会互动是人类存在的重要方式，与其他动物间的互动相反，人类互动是有意义的。

研究社会互动理论对于师幼互动有着许多有益的启示。师幼互动是社会互动的一个子系统，借助这一理论，我们可以更好地理解师幼互动中的问题，提高互动质量。

社会互动内涵：

第一，社会互动必须发生在两个社会主体（个人或群体）之间，单独的社会主体（如离群索居的人）就无所谓社会互动。（主体）

第二，个人之间、群体之间只有发生相互依赖性的行为才存在互动，并不是任何两个社会主体的接近都能形成社会互动。（相互依赖）

第三，社会互动以信息传播为基础。如果没有信息的交流，互动双方互不认识和理解，互动就无法进行。在大多数的互动过程中，人们不仅交流信息，还交流思想和情感。信息交流的手段和形式很多，如信件、电话、邮件、名片、身体语言等。（信息传播）

第四，社会互动包括直接互动和间接互动。社会互动并非一定要在面对面的场合下

才能发生，借助各种手段和中介工具，也能够进行间接的社会互动。(方式)

第五，社会互动具有情境性。社会互动总是在特定的情境下进行的，同一行为在不同时间、不同场合具有不同的意义。

社会互动具备要素：

第一，社会互动的主体。

社会互动的主体或者是单个的人，或者是两人以上结合而成的群体。个人与群体的主体必须成对，即行为者双方互为主客体。而无论是个体还是群体，其行为都是有计划有目的的，即是能动的主体。

第二，社会互动的目的。

这也就是社会互动的第二个要素：社会互动的目的。社会互动的方式很多，但不论是哪种方式，其主体总是能动的、有目的的。他可以改变自身的交往方式，可以预见交往的结果，并按照他的要求来达到目的，产生一定的社会事实或效果。

第三，社会互动的结果。

这是社会互动的第三个要素。社会互动虽然是动态的过程，并不只是强调这个过程本身，也强调这个过程的作用。社会互动的结果，必然是一些人的行为影响另一些人的行为，或者是一些人社会化，或者是一些人越轨、产生变异行为。第四，社会互动的媒介。主体的人要进行社会互动，必须通过一定的客观媒介体，这种媒介包括符号、语言、姿势、表情等。这些媒介，必然是社会互动的主体双方所能理解的，否则不能达到彼此作用、相互沟通的效果。

社会互动的条件：

第一，必须相互认知。

即交往的双方主体必须通过直接的与间接的方式了解对方。认知包括直接认知与间接认知，直接认知是面对面的，主要是个体之间的认知。即一个个体对另一个体的外形、地位、权力、性格、能力等的认知与了解。间接认知是通过语言、文字、照片等媒介体进行的非接触性的认知。

第二，社会互动必须在一定情景中进行。

社会互动在一定制度、文化、空间、情绪等环境中进行。其中最重要的是制度与文化，没有一定适宜的制度与文化，社会互动是不能持久的，或者会发生变异。具有相同的制度、文化以及适当的空间、和谐的情绪，交往比较容易，而且频率较高、范围较广；反之，社会互动则要受到很多的限制。社会互动是各种社会现象的根源，正是由于社会互动，社会才有光怪离奇的各种社会现象。而社会互动的制度化，便形成各种固定的、静态的社会关系、社会群体、社会组织等。

一、常人方法理论对师幼互动的启示

常人方法论也称本土方法论、民族方法学或俗民方法论，是研究人们在日常生活互动中使用方法的理论，其创始人是美国社会学家加芬克尔。按照本土方法论者的观点，所有日常社会互动都遵循着某些背景假定或“规则”，这些假定或规则形成了有序沟通的基础。违规试验已经表明了各种背景假定在人类互动中的重要性。在这种实验中，实验者假装并不明白谈话背后没有明说的一些假定。

许多主流社会学家认为，对于社会学的一些主要（宏观）问题——如社会设置的特性以及社会中的权利运用等——而言，本土方法论差很远。但本土方法论正是把揭示社会交往的各种规则作为其中心目标的。常人方法论认为：人与人之间的互动是以一些背景知识和基本规则为基础的，如果忽略这些内隐的知识，违背了隐含的规则，互动就不能顺利进行下去。

启示：

1. 在和幼儿互动时，要全面关心幼儿，了解幼儿的所思所想，丰富与幼儿的共同语言，和幼儿一同遵守共同语法，以提高沟通效果和质量。如与大班幼儿可交流幼小衔接问题。

师幼互动也要遵循一些交往规则，成人使用儿童的语言，把自己当成儿童。

2. 同伴之间的交流也要使用共同的语言规则。

3. 幼儿和教师有共识。

4. 教师与幼儿交流应该适合幼儿。注意幼儿的身心发展规律；不同阶段的幼儿有阶段性差异。

5. 教师要了解幼儿的喜好，以便更好地与幼儿沟通。

6. 中西方文化背景不同，借鉴西方文化时要本土化。

二、印象管理理论对师幼互动的启示

印象管理，有时又称印象整饰，是指人们试图管理和控制他人对自己所形成的印象的过程。恰当的印象管理是人际交往的润滑剂，可以使交往顺畅地继续下去，是人类文明的标志、个人修养的量尺。试图使别人积极看待自己的努力叫获得性印象管理；而尽可能弱化自己的不足或避免使别人消极地看待自己的防御性措施是保护性印象管理。美国戈夫曼曾说，生活就是演戏，表演者最关心的是给观众留下什么样的印象；在双方互动过程中一方总是想方设法控制另一方，使另一方通过对自己行为的理解，做出符合自己期望的行为反应。

人际互动礼仪：

1. 表达礼仪，即问候恭维和感谢别人；

2. 回避式礼仪，即尊重别人的隐私及个人空间；

3. 维系式礼仪，即维持人与人之间的关系；

4. 认可式礼仪，即认同别人的角色和身份。

启示：

1. 在表达礼仪上，老师应该对每一个幼儿积极回应。如果幼儿问好时老师对他们不理不睬，不点头微笑，会让幼儿感到伤心和失望，进而会影响师幼关系。

2. 在回避式礼仪上：教师普遍能尊重每一个孩子的隐私及个人空间。如果要关心幼儿伤心的事情，可以试探性地询问，或者可以间接地从家长那里了解信息，避免直接提问让幼儿想起伤心的事情更伤心。

3. 在维系式礼仪上：有些被忽视的幼儿会找各种理由和教师亲近、讨好老师，引起教师对他的关注，这时候，教师应该敏感地意识到孩子的情感需要，并及时作出积极回应。

4. 在认可式礼仪上：幼儿都比较喜欢自己的教师。

三、社会交换理论对师幼互动的启示

这个理论对社会交往中的报酬和代价进行分析，提出：那些能够给我们提供最多报酬的人是对我们吸引力最大的人。而且我们总是尽量使自己的社会交往给自己提供最大报酬。为了得到报酬，我们也要付出报酬。因为人类社会的原则是互相帮助，别人给了你好处你要回报，社会交往过程因此可以说是一个交换过程。美国霍曼斯认为，人与人的互动实质是奖赏和惩罚，主要通过如下命题表现：

1. 价值命题：如果某人的行为对某人越有价值，这个人就越有可能采取该项行为。

2. 成功命题：若一个人的某种行为越经常得到奖赏这个人就越愿意做出该行为。

3. 刺激命题：若某种刺激是一个人行为得到奖赏的原因，现在的刺激与过去越相似就越可能采取类似行为。

4. 攻击-赞同命题：如果一个人的行为没有得到期望的酬赏或受到未曾想的惩罚，这个人就会被激怒并可能做出攻击行为；若个人行为得到了预期奖赏或没有受到预料惩罚，就会很高兴并可能做出赞同行为。

启示：

1. 让教师认识到与幼儿互动也是一种专业性的表现，即良好的沟通能力是自身专业化成长的重要能力之一，教师将会更积极主动与幼儿沟通。

2. 幼儿园要对良好的师幼互动行为进行奖赏，更能强化教师与幼儿的主动性、创造性、积极性。

3. 教师要从每一个幼儿的身心特点出发，以保证每一个幼儿都能不断地体验到与教师成功相互作用的快乐。

4. 教师应给予幼儿更多的鼓励，以促进幼儿的行为从消极转向积极。

四、参照群体论对师幼互动的启示

一般来说，参照群体主要是指个人并非其成员的群体，但也不能否认，个人所属的群体同样也可成为他的参照群体。通常，每一个人都会有若干个参照群体，他依据这些群体，并按照不同的问题，把自己、别人与这些群体进行比较，同时，不同的参照群体对个人的影响力量也会是各不相同的。有的研究者提出，可以把参照群体划分为肯定性的和否定性的两种。一般谈到参照群体，主要是指前者，即个人从中为自己汲取正面的价值、定势、信念等的参照群体；后者则是指个人把它的价值定向和自己相对立起来的参照群体。海曼认为，非面对面的人际接触是社会互动的特殊方面；参照群体是个体在心理上所从属的群体；个体将其参照群体的价值和规范作为自己的社会观和价值观的依据，作为评价自我和他人的标准；参照群体具有规范作用和比较作用。

启示：

1. 教师应采取不同形式，既可以是通过幼儿出入园时的面对面简单交谈互动，也可以在教室、区角活动、户外活动长时间交谈互动。

2. 教师尽可能发现每个孩子身上的优点，并不断放大孩子们的优点，以发挥集体教育的效果。

3. 在教师群体中树立良好的师幼互动典型，引导教师认识到师幼互动的重要性，使每个教师更积极倾向于与幼儿良好互动。

4. 帮助教师熟悉师幼互动的特征，使教师真正明白什么样的互动是好的互动，促使教师把握良好师幼互动的特征作为自己的努力目标。

5. 应强化教师对好教师群体的认同感，在做个好教师的过程中不断付出努力和做出成效。

五、符号互动理论对师幼互动的启示

“符号”是指在一定程度上具有象征意义的事物。互动是构成社会的基础，社会结构最终是由个人的行为和互动所构成和保持的。符号互动理论是奠定社会心理学基础的一种理论取向，是带有社会学特色的社会心理学理论。这一理论重点研究人们在不同符号上所赋予的意义，互动者如何把握互动情景，符号对不同的人是否具有相同的意义。符号互动理论（symbolic interactionism）又称象征互动理论，是一种主张从人们互动着的个体的日常自然环境去研究人类群体生活的社会学和社会心理学理论，由美国社会学家米德（G. H. Mead）创立，并由他的学生布鲁默于 1937 年正式提出。

布鲁默认为：

1. 符号是传播意识的标志，能代表其他事物在社会互动中具有中介作用。

2. 人与人之间的互动实际上是通过符号进行的，是符号互动。

3. 人的行为都是有意义的，要理解某种行为就要对行为者赋予行为的意义做出解释。

4. 人的行为意义是会发生变化的，意义的确立依据互动的情境和互动双方的协商。

5. 人们通过扮演别人的角色站在别人的立场上来解释行为的意义并指导自己的

行为。

6. 人们从别人对自己的态度和评价中来认识自己，提高自我意识。

启示：

1. 教师要充分利用各种符号，如目光、手势、口头语言、图画、音乐等符号在师幼互动交往中的中介作用。

2. 教师要深刻分析幼儿行为所隐含的问题，并抓住教育契机进行适时教育。

3. 教师要为幼儿创造各种条件，给予幼儿全力表现自己的机会。

4. 幼儿园要以幼儿为中心组织丰富多彩的活动。

5. 教师要全方位地了解幼儿对幼儿园的评价，从幼儿和家长的言行中捕捉到他们对幼儿园和教师的态度并及时调整。

六、社会角色理论对师幼互动的启示

角色和互动是密不可分的。一方面，互动双方都需遵循一定的角色规范进行交往，一方角色失调，就可能中断或改变互动的方向。互动还有赖于人们扮演他人角色的能力，这使人们能够辨别和理解他人，预知他人的反应。另一方面，没有另一方来互动，角色就失去了依存的条件。实际上，角色理论和符号互动论的联系非常紧密。

美国社会学家米德认为：

1. 人与人的互动是角色互动，互动双方都要遵守角色规范，任何一方角色失调就会造成互动中断。

2. 互动有赖于人们扮演别人角色、预测别人反应的能力。

3. 角色的扮演是在互动中完成的，没有另一方参与角色就失去了存在的条件。

启示：

1. 在生活中，每个人都应该扮演好自己的角色。而在幼儿教育中，教师的角色又是多样的，因此，教师应该扮演好自己的家长角色、教师角色、玩伴角色、合作者和材料的提供者等诸多角色。

2. 每一种角色都有其特定的角色规则，任何一方角色失调就会带来一系列的问题。

3. 教师应善于从幼儿对自己的反应中预测自己的行为是否恰当并及时调整。

4. 互动是双方合作的过程，因此，积极回应对方是必要的。

附录2：符号互动理论的环境创设应用

在师幼互动中，环境作为一种特殊的“符号”，同样对师幼互动起着十分重要的作用。上面已经从理论层面详细阐释各种社会互动理论、基本观点以及对师幼互动的启示。然后再以“环境”作为一种特殊符号，专门针对符号互动理论进行实际应用介绍，希望在环境创设中，运用符号互动理论基本理念促进师幼互动的发展。

《指南》强调：环境是重要的教育资源，应该通过环境的创设和利用，有效地促进幼儿发展。我们应创设与幼儿互动的环境，充分利用环境来展示幼儿自己的学习过程、探索过程，使环境成为“会说话”的展示环境，而不是单纯的装饰物。使幼儿真正地自己参与环境创设，让环境成为幼儿展示自己的舞台，从而发挥其教育作用，体现环境的价值。

一、国外三种幼儿园课程中的环境创设

（一）蒙台梭利教育法之“有准备的环境”

蒙台梭利强调成人必须在了解儿童身心发展特点包括阶段性、敏感期等的基础上，为儿童提供适合的有准备的环境。她认为有准备的环境必须满足以下几个条件：

第一，必须是能够适合儿童发展节奏和步调的环境。

第二，必须是儿童能够自由操作各种活动材料的环境。

第三，必须是对活动材料有所限制的环境（太多的材料会使儿童难以选择并导致儿童注意力不集中）。

第四，必须是有秩序的环境（没有秩序的环境将会使儿童产生混乱，难以打下对事物进行逻辑化和抽象化思考的基础）。

第五，必须是与成人环境有关联的环境。

第六，必须是能够保护儿童并让儿童感到安全的环境。

第七，必须是对儿童有吸引力的美的环境。

（二）瑞吉欧教育方案之“儿童发展的关系系统”

瑞吉欧教育方案倡导教育要关注每一个儿童，但不是孤立地看待他们，而是要把他们与家庭、其他儿童、教师、学校环境、社区和广阔的社会环境联系起来。每一所学校

都应被看作一个系统，并且每个系统中都包含着所有的关系，它们相互联系、相互促进、彼此支持。

瑞吉欧教育方案中的学校环境首先在整体设计上表现出对美与和谐的关注，以及对学校文化的基本因素——社会互动的关注。其次，强调环境要能反映出儿童所付出的努力和取得的成果，因此幼儿园随处都可看到儿童个人、小组或集体完成的工作成果。这也是教师和儿童共同建构的校园文化。最后，环境中所有的材料投放和布置都以吸引儿童和激发儿童的创造性和探究欲望为目的，鼓励儿童对周围环境作出敏锐而积极的反应，同时，为儿童创造出一个人与人、人与物之间交流互动的环境。

（三）高宽课程模式之“支持性的学习环境”

高宽课程的基本理念是促进儿童的主动学习。这一课程模式提出要为儿童的主动学习提供支持性环境。这种环境是适宜儿童发展的、具有挑战性的并促使儿童井然有序开展活动的学习环境。整个活动室根据儿童的学习兴趣和材料特点分成若干个活动区，例如积木区、娃娃家、艺术区、玩具区、沙水区、木工区、运动和音乐区、数学和科学区、电脑区、户外等。这种“支持性环境”同蒙台梭利教育法的“有准备的环境”有相近之处，即关注儿童所处的微观系统，重视儿童个体与微观系统中环境（人和物）的交流与互动，但在具体操作方面有些差异，比如高宽课程提出要使“园所环境能够让游戏空间变得舒适而有吸引力”，活动室环境应柔和舒适，有悦目的色彩和图案，采用天然的建筑材料和自然光线等，而蒙台梭利教育法则更强调环境的秩序感等。

二、师幼互动下的具体环境创设

（一）色彩的选择以幼儿为本

（二）地面的多元化

（三）体现园所特色

（四）生活环境的创设

（五）洗手环境的创设

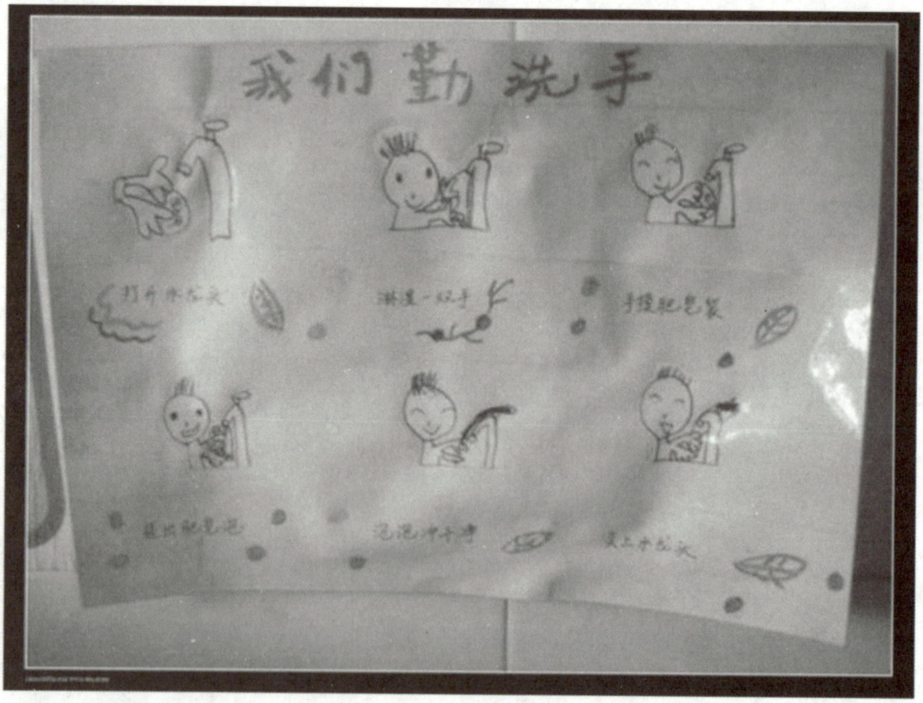

（六）喝水环境的创设

（七）入厕环境的创设

（八）“警示”生活环境的创设

（上述图片来自新乡市直属第一幼儿园）

三、目前幼儿园环境创设存在的误区

1. 把幼儿参与环境创设等同于幼儿作品展示

有的老师认为，既然环境创设要求孩子参与性强，那么最简单的办法就是把孩子的画、孩子的手工作品贴到墙上，这样省时省力，孩子也一定喜欢。但是这样的作品展示类环境在幼儿园的教育教学活动中实际意义很少，它实际上造成了幼儿园环境资源的浪费。

2. 过于追求精美，手段单调，孩子无法参与进来

这是目前幼儿园环境创设中存在的最主要问题，即老师从教育目的出发，单方面创设环境，在环境创设中没有幼儿的参与，老师则加班加点，而做出来的墙饰吸引不了孩子，既剥夺了孩子的参与性，同时又浪费了老师的时间。真正成功的环境应该是师幼互动的环境。

3. 将幼儿园环境创设主要理解为物质环境的创设

这种做法忽视或分割了精神与物质环境创设的关系，物质环境的创设固然重要，并且由于它具备直观性、生动性、形象性的特点，因此对教师来讲，很容易误解为物质环境很容易被接受和掌握；符合幼儿需要的物质环境应该是丰富多彩，能激发孩子愉悦的

情感的环境。如果幼儿园及活动室里四壁空空，缺乏幼儿活动材料，孩子无所事事，感觉冰冷生硬，无安全感，就会产生厌园的情感，并导致幼儿的被动活动（无环境、材料，更多的时候由教师按自己的意愿组织），却忽略了最重要的一点，即虽然环境、材料丰富，但教师不能营造对幼儿具有激励作用的良好的人际环境和精神氛围，孩子同样会没有归属感，产生厌园情绪。

四、环境创设的原则

幼儿园环境创设的原则，是指教师创设幼儿园环境时应遵循的基本要求，这些要求是根据幼儿教育的原则、任务和幼儿发展的特点提出来的。

1. 与教育目标相一致的原则

幼儿园的教育目标是使幼儿获得有益于身心发展的经验，促进幼儿的全面发展。因此，在环境创设时要目标明确，与教学内容、教学计划相一致。在体、智、德、美、劳几个方面，以及健康、语言、社会、科学、艺术五大领域中就不能重此轻彼。凡是关于孩子发展、教育目标所要求的领域，就应有相应的环境布置。另外，要根据学期计划和月计划、周计划的不同，设计与之相适应的环境，形成系统的、系列的环境布置，促进教育目标的完成。

2. 与幼儿发展相适宜的原则

不同年龄阶段的幼儿身心发展存在着差异。环境创设必须适应不同年龄幼儿的特点，通过不同层次的环境和不同的材料来达到教育目的。即使是同一年龄段的幼儿，在感觉、兴趣、能力等方面也存在很大差异，教师要注意到这些差异，适应这种差异。好奇、探究是幼儿的天性，如果环境布置总是一成不变，不仅不能给孩子以新鲜感，久而久之也会使孩子的主动性、积极性随之下降。因此，创设新鲜的、动态的环境是幼儿教育的艺术之一。

3. 教师与幼儿共同参与的原则

幼儿园环境的教育性不仅蕴含在环境之中，而且蕴含在环境创设的过程之中。陈鹤琴先生指出："通过儿童的思想和双手布置的环境，可使他对环境中的事物更加了解，也更加爱护。"环境创设特别是室内环境创设，应充分让孩子参与，征求孩子的意见。让孩子参与设计、提供材料与作品、参与布置，然后利用环境进行幼儿的主动活动。虽然孩子参与环境创设比教师本人独立完成费时费力，但就其教育效果来说，更能够提高孩子的兴趣和创造性，增强其责任感和成就感，也有助于对幼儿进行爱惜劳动成果的教育。

4. 园内外环境相协调的原则

既要重视园内环境的创设，也要重视园外环境的影响。要充分发挥幼儿园、家庭、社会三方面的教育功能，在做好园内工作的同时，营造和谐的园外环境。通过多种形式主动与家长联合，对家长进科学育儿知识的培训，使之配合幼儿园教育，也可以请特殊岗位（如交警、记者等）和有特长的家长到幼儿园给孩子们讲课。在保证安全的前提下组织社会实践活动，多带孩子到大自然和健康有益的活动场所参观学习、接受教育。

5. 经济实用的原则

幼儿园的环境创设应考虑幼儿园自身的特点和条件，不提倡大手大脚，要多使用废旧材料布置环境、制作玩教具。这一点不仅适合农村的经济条件，对城市园也有很重要的意义。

6. 突出特色的原则

幼儿园环境创设要结合各自的不同特点，选择不同的内容、不同的角度、不同的方法，切忌千篇一律，千园一面。可以充分发掘地方蕴藏的课程资源，发挥教师个人的聪明才智，突出地方特色和教师特色。地方特色尤其要对幼儿进行爱祖国、爱家乡、爱劳动的思想品德教育。

7. 安全卫生的原则

幼儿园的园舍首先要做到安全，在新建和改建农村幼儿园的过程中，一定要首先考虑园舍的安全问题，坚决不能有危房，包括围墙、厕所。地面要平坦，不能有坑坑洼洼、磕磕绊绊。所种花草既要漂亮，又要无毒、无危险，比如夹竹桃、仙人球之类就不宜在幼儿园种植。室内、寝室要安装紫外线灯或随时用消毒水消毒。电器、电线布置要合理，用电插销不能离孩子的床铺太近。吊扇使用前对其稳定性要进行检查。其次是玩具安全，室内外玩具都不能有危险性。室外大型玩具有相当一部分是铁制的，边角都要圆滑。

8. 平等和谐的原则

这一点主要指的是幼儿园精神环境的创建。精神环境创建的中心是建立融洽、和谐、平等、健康的人际关系。《纲要》在讲到幼儿园教育原则的时候提出："要尊重幼儿的人格和权利，尊重幼儿身心发展规律和学习特点，保教并重，关注个别差异。"这里提到了两个尊重，一个并重，一个关注。实际上，孩子很多心理问题是从幼儿时期形成的，如孤独感、自卑感、攻击行为等。教师的态度和教育方式，团结、和谐的同学关系，有助于形成幼儿安全、温馨的心理环境，形成他们健康的人格。

尊重幼儿的人格和权利，就是把幼儿当成有思想、有个性的人，而不要把他们当成孩子。幼儿的身体是相对脆弱的，幼儿的心理同样是脆弱的，这就需要我们的充分尊重。我们的一个眼神、一个动作，可能都会对幼儿的心理产生巨大的影响，所以我们一定要时时提醒自己，不能轻易地批评孩子，不能过分地批评孩子。尊重幼儿身心发展规律和学习特点，就是说要从孩子的特点出发，用孩子能够接受的方式去教育孩子，教给孩子能够理解和接受的知识，不能搞小学化的东西。关注个别差异，就是说在教育上要因人而异，因材施教，特别要关注那些与众不同的孩子，比如智力障碍、身体缺陷、心理障碍等方面的孩子。

五、环境创设增进师幼互动的建议

“环境”作为一种特殊符号，在师幼互动中起着潜移默化的特殊作用。它能在隐形的作用下，增进师幼互动的效果，拉近教师与幼儿的关系。在幼儿园中，所有的一切都可以为培养幼儿提供教育契机。教室布置中，有很大一部分是美化环境与幼儿美术活动相结合的一种设计活动，对于自己参与布置的杰作，幼儿会倍加爱护与珍惜。在知识与知识之间，知识与技能之间，教师与幼儿是合作者，他们之间是交流的合作。

1. 环境创设要突出主题，有针对性

环境创设要与教育目标相一致，创设与学期主题或单元主题相关的环境。真正从幼儿的兴趣、需要出发，环境的设置和材料的投放要有针对性，充分体现环境的教育价值。

2. 环境创设要具有适宜性

环境创设必须符合幼儿年龄特点、知识经验和认知水平，适合本园本班的特色，充满着童真童趣，使环境中的点点滴滴都洋溢着幼儿教育独特的文化内涵，不断满足每个幼儿的需要。

3. 环境创设要体现主体性

环境的设计、布置、利用，都应从幼儿实际出发，要生动、直观、真实，都应有幼儿参与，体现高度的开放性。让幼儿成为环境中的主人，体现师幼之间对话，让环境成为幼儿寄托心愿、宣泄情感、体验成功、展示自我的平台。

4. 环境创设要体现丰富性和启发性

环境创设要最大限度地利用空间，把平面和立体布置结合起来。要充分利用活动区域为幼儿提供能引起幼儿探究欲望的丰富的物质材料，并能诱发幼儿利用环境中的信息和材料进行积极探索和思考。

5. 环境创设要体现动态性和美感

要随幼儿的兴趣、能力的变化而变化，随课程内容、季节、节日的变化而变化，让环境始终对幼儿保持新鲜感和吸引力，使孩子经常能从环境中获得新知识、新经验、新发展。应力求结构的合理、色彩协调、风格独特、情趣高雅，萌发幼儿的审美情趣，激发幼儿积极的情感体验。

6. 将收集材料和创设环境的过程作为幼儿的学习过程

在发动幼儿集体讨论决定了区角布置或墙饰的内容后，我们应和幼儿一起准备材料并进行设计制作。在这个过程中，我们应充分调动幼儿的积极性，他们能做得到的让他们自己去做，他们能想得到的让他们自己去想，让幼儿利用已有的知识经验，通过看、听、问等途径获取信息和材料，发展他们获取信息材料的能力和探究解决问题的能力等。

7. 要给幼儿自主选择和使用材料的权利

实践证明：幼儿是否有自主选择和使用材料的权利，在很大程度上影响着他们参与区角设置和墙饰制作的积极性，影响着幼儿与环境材料之间的相互作用。因此，我们应尽可能让幼儿自己选择材料，自己决定做什么，并把材料放置在方便幼儿取放的地方，以最大限度地调动幼儿的积极性，便于幼儿不断地与环境材料相互作用。

8. 支持启发和引导幼儿与环境相互作用

无论是师生共同准备和创设的环境材料，还是教师根据教育目标和内容提供的环境材料，我们都应积极支持和鼓励幼儿进行探究和操作活动。在指导幼儿进行探究操作活动时，我们要改变以往的检查者的角色，把精力从检查玩具是否掉了，东西是否乱了，幼儿是否发生矛盾了等问题转移到幼儿的探究和操作活动上来，关注幼儿的兴趣和需求，正确判断他们的发展水平，引导幼儿向更高的水平发展。

知识链接

建好“娃娃家”——创设生活化的环境

刚入小班的幼儿离开关心、呵护他们的父母，情感特别脆弱，容易产生情感缺乏感，创设一种家庭式的氛围就显得尤为重要。亲切、自然、充满人情味的环境能使幼儿适应生活、获得经验、得到发展。

如在开展小班“娃娃家”的区域活动时，我们的环境创设是以温馨氛围呈现的：在“小兔一家人”的区域里，窗户上贴了兔宝宝和兔爸爸、兔妈妈的合影，温馨又亲切；2 只松软又可爱的小熊宝宝和小孩衣服鞋子、梳子、发卡等物品，可以让幼儿随时体验为动物宝宝穿衣打扮的乐趣；丰富的娃娃家餐具、灶具、各类玩具蔬菜等，可以让幼儿体验过家家做饭的乐趣。

我们还充分利用玩具柜及其他设施的功能进行区域划分：把玩具柜都锯矮一层，加强通透感和降低幼儿视线，使幼儿便于看清楚摆放的物品；玩具柜可作为区域的门墙，使每个区域有一种“家”的感觉，温馨、安全、自由，同时又可作为操作平台使用；改变以往桌不离椅、放中间的传统习惯，幼儿常用的小方桌成为画台或是区角中的操作台，既方便了集体教学活动，又提高了安全性。

知识链接

幼儿园环境设计方案

幼儿园是幼儿生活、学习和游戏的场所。幼儿年龄小，且正处在身心尚未成熟的迅速发展之中。所以，为幼儿提供良好的生活物质环境是促进幼儿监看成长的前提和基础。

本方案根据幼儿园的宗旨和目标定位遵循以下一些原则：（1）确保安全，合乎卫生要求；（2）环境条件要为保育和教育服务；（3）环境创设要因地制宜、经济适用；（4）建设与管理并行，使用与维修并重。

具体环境规划与设计如下：

一、园址及周边环境

幼儿园设在安全、清洁、安静、无污染的人口较集中的城镇居民区，有自己独立的建筑基地（园舍基地地势平坦，场地干燥坚实并且方便排水）。一方面确保安全，又方便家长接送，避免交通干扰。

二、房舍的使用与安排

整体建筑为平房，分上下两层，楼顶为圆形护栏式的平台。主体房舍朝东南向，保证活动室有充足的阳光（满足冬至日底层满窗日照不少于 3h），冬暖夏凉。

（一）生活用房包括班级寝室、班级卫生间（包括厕所、盥洗、洗浴，每班配备 1 个）、底层楼公共卫生间、衣帽贮藏室（每班 1 个）、音体活动室（每楼 1 间）。

（二）服务用房包括医务保健室、隔离室（医务保健室和隔离室为相邻设置）、晨检室（设在建筑物的主出入口处）保育员值宿室、教职工办公室、会议室、值班室（包括收发室）及教职工厕所、浴室等。

（三）日常供应用房包括幼儿厨房、消毒室、烧水间、洗衣房及库房等。

（四）楼梯除设成人扶手外，在靠墙一侧设幼儿扶手，其高度大于 0. 60m。楼梯栏杆垂直线净距不大于 0. 11m。楼梯踏步的高度不大于 0. 15m，宽度不小于 0. 26m。

三、户外活动场地的使用和安排

户外活动场地以人均 2 平方米及以上为准，各班设置专用的室外活动场地。每班的活动场地面积不应小于 $60m^2$，各活动场地之间采取分隔措施，并有全园共用的室外游戏场地，其面积不小于下式计算值：室外共用游戏场地面积 $m^2=180+20(N-1)$（注：180、20、1 为常数、N 为班数）。活动区周边依次设幼儿种植园区、饲养区、自然绿化区、玩沙区、游泳区、积木区。

（一）种植园区，种植一些蔬菜，如西红柿、辣椒、茄子、黄瓜……从而让孩子们在种植种子的实践过程中学到一些植物的知识、种植的技能，感受简单劳作的乐趣。

（二）饲养区，饲养鸡、鸭、兔等家禽，一方面，参与饲养活动，能增进幼儿对动物的了解，丰富有关动物的名称、类型、习性等方面的经验；另一方面，参与饲养活动，幼儿能更真切地感受动物的发展变化，感受动物生命的存在，感受自己的行为与动物生命之间的关系，从而真正去感受生命、了解生命、珍惜生命。

（三）自然绿化区，绿化面积大约占场地面积的百分之二十，大自然是幼儿最初获取知识的丰富源泉，自然环境中的万事万物直观具体，使幼儿在接触中懂得了这是什么，那是什么，充分利用自然环境带领幼儿去观察、散步、游戏、劳动，既满足了幼儿的多种需要，又使幼儿的身体得到了健康发展。

（四）玩沙区，提供玩沙的工具有：小棍，小铲、小桶、小瓶。玩沙是幼儿最喜欢的活动之一，玩沙可以让幼儿感到快乐，玩沙可以让幼儿尽情地发挥想象去创造，玩沙可以让幼儿自主地尝试、体验，在不知不觉中感知沙的特性，使幼儿感受到玩沙的乐趣。

（五）玩水区，幼儿对水的喜爱似乎是一种天性，只要有时间、有机会，他们总爱在水里玩耍、嬉闹，通过玩水活动，不但满足了幼儿玩水的欲望，还可以学到不少知识，体验玩水的乐趣。

（六）积木区，设幼儿们最喜欢、常见的材料，在结构游戏区幼儿能接触到。幼儿在这里通过观察可以获得积木的颜色、形状、大小等方面的知识；通过运用积木进行操作活动，幼儿可以发展他们的小肌肉动作和手眼协调能力，还可以认识各种几何形体，培养初步的艺术造型能力和审美能力，并能实际地了解重心、平衡等物理概念。

（七）大型玩具区，如滑梯、攀登架、秋千、有孔隧道、淘气堡等，全园设有 2 套。还包括自制玩具若干。满足幼儿进行各种运动体验，使幼儿获得活动乐趣。

参考文献

著作类：

[1] 章人英. 社会学词典 [M]. 上海：上海辞书出版社，1992.

[2] S·拉塞克、G·维迪努著，马胜利译. 从现在到2000年教育内容的全球展望 [M]. 北京：教育科学出版社，1992.

[3] 刘晶波. 师幼互动研究——我在幼儿园里看到了什么 [M]. 南京：南京师范大学出版社，2003.

[4] 叶澜等. 教师角色与教师发展新探 [M]. 北京：教育科学出版社，2001.

[5] 卢梭著，李平沤译. 爱弥儿 [M]. 北京：商务印书馆，2002.

[6] 刘晓东. 解放儿童 [M]. 北京：新华出版社，2001.

[7] 庞丽娟. 教师与儿童发展 [M]. 北京：北京师范大学出版社，2003.

[8] 龙长权. 沟通心理学 [M]. 重庆：西南师范大学出版社，2014.

[9] 屠荣生. 师生沟通的艺术 [M]. 北京：教育科学出版社，2007.

[10] 肖冉. 哈佛沟通课 [M]. 上海：龙门书局，2011.

[11] 张明红. 幼儿园语言教育与活动设计 [M]. 北京：高等教育出版社，2010.

[12] 吴雪青. 幼儿教师口语 [M]. 上海：华东师范大学出版社，2012.

[13] 钱维亚. 幼儿教师口语 [M]. 北京：高等教育出版社，2008.

[14] 孟昭兰. 普通心理学 [M]. 北京：北京大学出版社，1994.

[15] 李莉. 教师口语训练教程 [M]. 郑州：郑州大学出版社，2007.

[16] 袁运开. 简明中小学教育词典 [M]. 上海：华东师范大学出版社，1999.

[17] 王同亿. 新世纪现代汉语词典 [M]. 北京：京华出版社，2001.

[18] 朱慧纺、施建萍. 展现群言堂的精彩（幼儿园集体学习活动中师幼互动的魅力）[M]. 上海：上海教育出版社，2011.

[19] 屠荣生、唐思群. 师生沟通的体态语艺术 [M]. 北京：教育科学出版社，2007.

[20] 吕艳芝. 教师礼仪的99个细节 [M]. 上海：华东师范大学出版社，2010.

[21] 李振村. 教师的体态语言 [M]. 北京：教育科学出版社，2011.

[22] 亚兰·皮兹. 人类行为语言 [M]. 孙志刚，译. 哈尔滨：哈尔滨出版社，1989.

[23] 洛雷塔·A. 马兰德罗，拉里·巴克. 非言语交流 [M]. 孟小平等，译. 北京：北

京语言学院出版社，1991.
[24] 李生兰. 学前儿童家庭教育（修订版）[M]. 上海：华东师范大学出版社，2006.
[25] 刘金花. 儿童发展心理学 [M]. 上海：华东师范大学出版社，2006.
[26] 蔡迎旗. 学前教育概论 [M]. 武汉：华中师范大学出版社，2006.
[27] 劳伦斯·科恩. 游戏力 [M]. 李岩，译. 北京：军事谊文出版社，2011.
[28] 甘第尼、福尔曼、爱德华兹. 儿童的一百种语言 [M]. 罗雅芬、连英式、金乃琪，译. 南京：南京师范大学出版社，2008.
[29] 温迪·科扎. 幼儿园班级环境创设和一日生活 [M]. 曹晓旸，译. 南京：南京师范大学出版社，2013.

论文类：

[1] 刘晶波. 师幼互动的总体特征及其功能 [J]. 幼儿教育，1998（11）.
[2] 庞丽娟，叶子. 论教师教育观念与教育行为的关系 [J]. 教育研究，2000（7）.
[3] 陈云恺. 儿童身心发展中的自然与自由 [J]. 南京师大学报（哲学社会科学版），2003（7）.
[4] 谈心. 观察幼儿：幼儿园教师专业发展的关键 [J]. 当代学前教育，2009（2）.
[5] 秦元东. 生态式幼儿园区域活动的教师观察策略 [J]. 幼儿教学研究，2003（8）.
[6] 郭丽. 教育活动中教师提问与回应的策略 [J]. 幼儿教育，2010（3）.
[7] 刘成. 巧学颠倒歌，让孩子聪明起来 [J]. 小学教学研究，2013（5）.
[8] 李敏. 有关教学活动中教师倾听行为的初步探索 [J]. 教育教学论坛，2012（24）.
[9] 田良臣，刘电芝. 试论教师倾听的类型与技巧 [J]. 现代中小学教育，2000（5）.
[10] 袁菊. 倾听教育：内涵、意义及策略 [J]. 江苏教育研究，2011（16）.
[11] 曹莉. 教育活动中的倾听：意蕴与特性 [J]. 内蒙古师范大学学报（教育科学版），2010（4）.
[12] 邱凤美. 教师要学会倾听 [J]. 福建论坛（社科教育版），2006（12）.
[13] 张光陆. 教师倾听的意义与策略 [J]. 江苏教育研究，2009（7）.
[14] 李如密，周春红. 教学倾听艺术：内涵、价值、原则及策略——基于生命化教育的视角 [J]. 课程教学研究，2013（6）.
[15] 曹莉. 幼儿园倾听式教育模式简析 [J]. 教育导刊（下半月），2010（7）.
[16] 鲁志鳗. 脚手架理论对学前儿童教学的启示 [J]. 学前教育研究，2004（10）.
[17] 汪丽芬. 体态语在教育教学中的运用 [J]. 当代学前教育，2012（4）.
[18] 姜美芬. 谈谈幼儿教师的体态语 [J]. 学前教育研究，2004（7）.
[19] 彭晋祁. 论体态语言在幼儿英语教学中的运用 [J]. 化学院学报，2010（6）.
[20] 陈蓉. 如何在幼儿英语教育中运用体态语言 [J]. 课程教材教学研究，2008.
[21] 张宗学. 肢体语言在教学中的妙用 [J]. 教育实践与研究，2009.
[22] 袁玉清. 三天适应计划，帮助幼儿顺利渡过入园关 [J]. 早期教育，2011（9）.

[23] 李辉. 幼儿教师儿童观的个案研究［D］. 东北师范大学，2003.
[24] 姚伟. 儿童观的时代性转换［D］. 东北师范大学，2001.
[25] 郝利安. 幼儿教师教育观念与教育行为关系之个案研究［D］. 西南大学，2011.
[26] 李雪晗. 幼儿教师教育行为中的儿童观研究［D］. 广西师范大学，2010.
[27] 曹莉. 幼儿园教育活动中教师倾听的价值与特点研究［D］. 东北师范大学，2006.
[28] 张瑞. 幼儿园大班数学集体活动中教师提问行为研究［D］. 河北大学，2014.
[29] 康涛霞. 幼儿园集体教学中教师提问策略优化的研究［D］. 西南大学，2011.
[30] 刘英. 教师回应策略研究——基于师幼互动情境中［D］. 西北师范大学，2008.
[31] 邓萌. 学前教育专业教师口语技能培养研究［D］. 华中师范大学，2011.
[32] 李娜. 幼儿园师幼互动中教师言语的研究［D］. 辽宁师范大学，2008.
[33] 刘欢欢. 师幼互动过程中幼儿教师身势语及其行为模式研究［D］. 河南大学，2013.